日経225 Weekly オプション取引入門

著 中丸友一郎
TOMOICHIRO NAKAMARU

少額投資で最大限のリターンを狙うための考え方と戦略

$$C = Se^{-\delta T} \cdot N(d1) - Xe^{-rT} N(d2)$$
$$d1 = [\ln(S/X) + (r + \sigma^2/2)T] / \sigma\sqrt{T}$$
$$d2 = d1 - \sigma\sqrt{T}$$

JN187889

はじめに

1）生まれたばかりの最強投資、日経225Weeklyオプション投資

　あなたは、今、**最強で最新の株式投資法**を知っていますか？　何を隠そう、それが、本書のテーマである、2015年5月に誕生したばかりの**日経225Weeklyオプション取引**です。

　事実上、**満期まで最大1週間しかない**Weeklyオプションは、（その時間価値がほとんど残っていないために、）プレミアム（値段）が従来のマンスリーオプションの半値以下という大バーゲン価格で買えます。

　さらに、Weeklyオプションなら、少額投資でも、マンスリーオプションと同じく日経平均株価の1000倍のインデックス（株価指数）を動かせます。例えば、日経225の時価が1万6000円であることを前提にすれば、わずかな金額でほぼ1600万円の投資が可能です。

　したがって、**激安プレミアム投資で数十万から数百万円の儲け**も夢ではありません。つまり、小さなリスクで、大きな儲け（理論上、無限大）が可能なのです。

2）日経225Weeklyオプション投資はわかりやすい

　そもそも、プット（売る権利）やコール（買う権利）からなるオプションの買いにおいては、損失は支払ったプレミアムに限定されますので、予期せぬ相場の動きに翻弄されることもありません（なお、オプションの売りは損失無限大となりかねませんので、一般読者には決してお勧めしません）。

日経225Weekly オプション投資の特長

激安のプレミアム
時間価値がほとんど残っていない)

損失限定
損失は支払ったプレミアム代金のみ
＝数千円〜数万円

理論上、利益は無限大

明快な取引
イン・ザ・マネーになりそうな
権利行使価格を選ぶことに注力

そして、わずか1週間でゼロ・サム・ゲームの勝負が明確に決着するWeeklyオプションは、極めてわかりやすいのです。

例えば、Weeklyオプションの買いの最終的な勝利の方程式は、満期日である金曜日の寄り付きで決まる日経平均株価、つまりSQ値が権利行使価格を下回るか（プットの場合）、あるいはSQ値が権利行使価格を上回るか（コールの場合）という、最終的な価値に集中することにあります。

また、満期日（＝金曜日）前における、特に月曜日から水曜日までのWeeklyオプション買いの勝利の方程式とは、「満期の金曜日に最終的に価値が生まれるかもしれない」という可能性の価値の急拡大を狙って、事前にプレミアムを安く買って高く売ることに注力することにあります。つまり、すでに儲かっているプットやコールは、SQ日前に転売して清算して構いません。

それらの極意は、本書でやさしく、そして詳しく解説していきます。

3）大人気化する日経225Weeklyオプション

ところで、デリバテイブの本場シカゴでも米国株式指数を代表するS＆P500を原資産とする**Weeklyオプション人気が、2008年の上場以来、毎年倍々ゲームで急増し、ブーム化**しています。

このように国際金融市場での最新のイノベーションのひとつであるWeeklyオプション。それは、小さなリスクで、大きく儲けられ可能性があるものなのですから、ブームになっているのはごく自然な現象と言えます。

我が国では、遺憾ながら、原稿執筆段階の現在（2016年10月）、日経225Weeklyオプション人気はまだこれからというのが実状です、だからこそ、この本を手に取っていただいた賢明な読者には、この普遍的で革新的な動きを先取りしていただきたいのです。

　考えてもみてください。日経225Weeklyオプション投資とマンスリーオプションの違いは、後者が「満期が毎月第2金曜日の寄り付きであるかどうか」だけです。Weeklyオプションなら満期が毎週金曜日にやってくるのですから、日経225Weeklyオプション投資のほうが一般的であり、マンスリーオプションはむしろ特殊的と考えるべきでしょう。
　しかも、マンスリーオプションは、その週末に満期を迎える毎月第2週の取引に関しては、事実上、Weeklyオプションに「変身」している取引なのです。

　蛇足ですが、仮に、毎日、翌日の寄り付きで満期となるデイリーオプション取引が存在するのならば、筆者なら間違いなくデイリーオプションで優先的に取引するでしょう。オプションプレミアムが1日だけの超激安オプションが買えるのでから、それ以上のバーゲン・セールはあり得ないからです（もっとも取引所と証券会社にとっては、手続きが煩瑣になって困るかもしれませんが）。

　それはともかく、そもそもオプションはボラ（予想変動率＝市場の不安心理）が命（利益の源）です。
　ならば、元来、変動率が大きく、そして異次元金融緩和政策の下でますます乱高下しがちな我が国の相場で投資家が勝利するためには、本書で詳述するように、日経225Weeklyオプションに最も優位性があるといっても過言ではないでしょう。

本書で解説するように、2015年夏のチャイナショックや2016年1月の黒田日銀マイナス金利政策導入ショックなどで、日経225Weeklyオプション取引はすでに大活躍中です。

　本書は「日経225Weeklyオプション取引」に関する我が国で最初の入門書です。やさしく、しかも明確に解説致します。
　さあ、魅力的で、パワフルで、しかも安心できる、革新的な「日経225Weeklyオプション取引」の世界へ、ご一緒に飛び立とうではありませんか。

2016年10月
マクロ・インベストメント・リサーチ代表（元世界銀行エコノミスト）
中丸友一郎

はじめに ——————————————————————— 2

第1章　日経225Weeklyオプション取引へのご招待

第1節　日経225Weeklyオプション取引とは ——————————— 12
第2節　日経225Weeklyオプション取引は実はとても簡単 ———— 21
第3節　日経225Weeklyオプション買いの魅力 ————————— 25
第4節　日経225Weeklyオプション買いの威力 ————————— 29
第5節　日経225Weeklyオプション買いの醍醐味 ———————— 31
第6節　日経225Weeklyオプションの生まれた背景と将来予測 —— 33

> **コラム**　大投手ならぬ大阪取引所のストライク・アウト！　　18

第2章　Weeklyオプション取引で利益が出る流れ

第1節　儲けを出すやり方は2種類 ————————————————— 42
第2節　満期時に利益が出る流れとは ——————————————— 44
第3節　満期日前に利益が出る流れとは —————————————— 52
第4節　Weeklyオプション取引の勝利の方程式とは ——————— 56
第5節　まとめ ——————————————————————————— 64

第3章　投資家心理を反映するボラティリティについて

第1節　変動幅の大きい日本市場 —————————————————— 66
　　　　～マンスリーオプションのSQ値からみるボラティリティ～
第2節　WeeklyオプションのSQ値から見るボラティリティ ——— 76
第3節　株式市場を大きく動かすもの ——————————————— 80
　　　　～経済データとオプション・先物市場～

第4節	インプライド・ボラティリティは市場不安心理のバロメーター	92
第5節	日経225の時価で変わる変動幅	98
コラム	原稿執筆段階での世界の動向分析	89

第4章　安く買って高く売るために知っておくべき、オプション・プレミアムの決まり方

第1節	満期日前のWeeklyオプションのプレミアムは需給で決まる	102
第2節	本質的価値以外のプレミアムは時間価値しかない	104
第3節	プレミアムの計算方法　その1　〜2項分布〜	108
第4節	プレミアムの計算方法　その2　〜ブラック・ショールズの公式〜	115
コラム	ブラック・ショールズの公式はエクセルで計算できる	121

第5章　数千円から始めるWeeklyオプション買いの基本投資戦略

第1節	基本戦略：IVが20%のときに買う	124
第2節	木曜日のプット買い	127
第3節	木曜日のコール買い	131
第4節	月曜日から水曜日までのイベント・ドリブン型のプット買いで超短期取引戦略を狙う	135
第5節	月曜日から水曜日までのイベント・ドリブン型のコール買いで超短期取引戦略を狙う	140
第6節	ストラドルの買いの戦略　〜市場の大変動に賭ける〜	145
第7節	ストラングルの買いの戦略　〜ストラドルを激安価格で買う〜	150

第6章　Weeklyオプション買い　実践編

第1節　アクションプラン　～Weeklyオプションの実際～ ── 156
第2節　実例紹介　～チャイナショック～ ── 165

第7章　Weeklyオプション取引をするうえで押さえておいたほうがよい基礎知識

第1節　オプション市場の一日 ── 172
　　　～シカゴ、シンガポール、大阪、東京市場との関係～
第2節　24時間眠らないシカゴ・グロベックスという妖怪 ── 178
第3節　マンスリーやメジャーＳＱが近づくと
　　　日本株に大波乱が起こりやすくなる ── 181
第4節　ヘッジファンドの動きには気をつけろ　その1 ── 186
　　　～株式市場はレバレッジを駆使するヘッジファンドにキリキリ舞い～
第5節　ヘッジファンドの動きには気をつけろ　その2 ── 191
　　　～株式市場は伝染する（犯人はデリバティブの追証）～

特別付録　今、人気の日経225miniはWeeklyオプションのお友達

はじめに ── 196
第1節　日経225miniは日経平均株価の100倍の先物取引 ── 198
第2節　高レバレッジと流動性がminiの最大の魅力 ── 200
第3節　日経225miniの取引手法　～スペキュレーション（投機）～ ── 202
第4節　ブルとベア ── 206
第5節　ランダム・ウォーク（酔っ払いの千鳥足）に勝利するには ── 208

第6節	短期は雑音市場と心得よ	210
第7節	トレンドはフレンド	212
第8節	投機の掟とは	214
第9節	テクニカル分析でトレンドを狙え	215
第10節	クラッシュに潰されるな	216
第11節	投機の神様、ジョージ・ソロスの投機法とは？	218
第12節	黒田異次元緩和下のカジノ相場をminiで勝利するには	220

日経225Weeklyオプション取引基本用語集 ———— 224

おわりに ———— 231

第1章

日経225 Weeklyオプション取引 へのご招待

第1節
日経225Weekly オプション取引とは

1）Weekly オプションの定義

　Weekly オプションとは、満期日である毎週金曜日の寄り付きで決定される日経平均株価（＝日経225）、すなわちSQ値（特別清算値）を、あらかじめ定められた、125円刻みの権利行使価格で売る権利（プット）、または買う権利（コール）を指します。

　また**Weekly オプション取引とは、Weekly オプションの権利（プットとコール）を売り買いする取引**のことを意味します。

　オプション投資家自らが権利行使価格を選び、売買の決定を下すことができる点など、基本的なことは従来のマンスリーオプションと変わりません。大きく違うのは以下の3点です。

◎週1回（月に4～5回）、満期日が来る
◎安く買える（時間価値がほとんどないので、オプション・プレミアムが安い）
◎本質的価値を狙ったわかりやすい取引が可能（満期日にイン・ザ・マネーになるような権利行使価格を選ぶことで勝利につながりやすい）

【ひとくちメモ】
満期日は、通称、SQ日とも呼ばれる。事実、市場関係者は満期日をSQ日と呼ぶことも多い。

◆日経 225Weekly オプションとは

◎満期日（権利行使時点）である毎週金曜日の寄り付きで決まる日経 225（SQ 値）を
◎あらかじめ定められた（125 円刻みの）権利行使価格で
◎売り買いする権利（プット＆コール）のこと

※実際の取引金額は日経 225 の 1000 倍
※ SQ とは「Special Quotation（特別清算）」のこと
※日経 225 マンスリーオプションとは、満期日である毎月第 2 金曜日の寄り付きで決まる日経 225 を、あらかじめ定められた、（125 円刻みの）権利行使価格で売り買いする権利のこと

Weeklyオプションの最大の魅力はオプション・プレミアム（以降、プレミアム）が安いことです。この利点に着目して、本書では「プットを買う&コールを買う」という戦略に絞って紹介していきます。

２）Weeklyオプションはローリスク＆ハイリターン

マンスリーオプションとは違って、満期日までの残存期間が１週間以内のWeeklyオプション取引では、激安のプレミアムで権利（プットやコール）を買えます。

なぜ安く買えるかというと、毎週金曜日の寄り付きに満期が到来するからです。**買う時点ですでに満期前の時間価値がほとんど残っていないので、安く買える**のです。

しかも、**Weeklyオプションの買いの損失は、最大でも「支払ったプレミアム（価格）」に限定**されます。

したがって、Weeklyオプションでは、損失限定の少額投資で大きなリターンを実現することも決して夢ではありません。Weeklyオプションの買いは日経225の1000倍の取引であり、プット（売る権利）でも、コール（買う権利）でも、それらの利益は理論的に無限大だからです。

なお、プットの買いは相場下落時に、コールの買いは相場上昇時に、利益が大きく生まれる傾向があります。

【ひとくちメモ】
　プレミアムには、本質的価値と時間価値の２種類がある。
　本質的価値とは、現時点で仮にオプションを権利行使した場合の価値のこと。つまり、権利行使価格と原資産の市場価格（株価）の差額。
　時間価値とは、将来の値上がりする可能性に対する価値のこと。満期日までの期間が長いほど、オプションの買い手にとって有利な方向へ株価が動く可能性があるが、現時点では、その株価が将来いくらになるかはわからない。そこで、「将来、値上がりするかもしれない」という期待に対してプレミアムがつけられる。それが時間価値。

3）右肩上がりの Weekly オプション

　先物・オプションなどのデリバティブ（金融派生商品）取引のメッカは、米国シカゴであることはあまりにも有名です。にもかかわらず、意外に知られていない事実があります。

　それは、世界最大のオプション取引を誇るシカゴでは、アメリカ株の主要指数であるＳ＆Ｐ500を原資産とするWeeklyオプション取引が、2008年の登場以降、年々、倍々ゲームで急増し、人気化している点です。

　シカゴ発の流行ですから、早晩、日本にも伝染してくることは間違いないでしょう。なぜなら、「"利益無限大で損失限定の格安オプションを買えるWeeklyオプション取引"が日本で爆発的に成長していかない理由」を合理的に見つけることのほうが困難だからです。

　株式市場では、洋の東西を問わず、短期的には大きな乱高下（変動率）は避けられません。

　しかし、オプション取引なら、このようなボラティリティの高まりを「儲けの源泉」にできます。

　例えば、チャイナショックや英国のEU離脱に代表されるような、投資家の不安心理から引き起こされる相場の急落時は、プット（売り権利）の買いの稼ぎ時になります。

　仮に、あなたがプットを買っているとします。このとき、市場で不安心理が高まり、125円刻み（18ページのコラム参照）の権利行使価格を下回っていけばいくほど、プットで儲かる（イン・ザ・マネーとなる）確率が高まります。

　そもそも、日本の株式市場では、米国に比べて、「相場の変動率が歴史的にかなり大きいこと」が広く知られています。例えば、米国株の日次変動率のバラつき（標準偏差）が約18％（年率換算）である

のに対して、日本株の"ボラティリティ"は約25％もあります。

　要するに、**変動率が大きい我が国のWeeklyオプション市場では、激安プレミアムを買うことで、大儲けがより期待できる**のです。

　我が国の株式市場は、現物株市場においても、その取引の約6割が外国人投資家で占められています。

　しかし、日経225先物と同オプション取引においては、実に7割強が外国人投資家ですでに牛耳られていることをご存知でしょうか？

　また、2015年度には、先物とオプション取引が、東京市場の現物株取引の2倍を軽く超えてしまったことをご存知でしょうか（日経新聞2016年3月30日朝刊証券面記事ご参照）。まさに、デリバティブという尻尾が、現物株という頭を振り回しているのです。

　これが、今の我が国の株式市場の現状です。そして、利に聡い海外ヘッジファンド勢が、先物やオプション取引を駆使して、日本の株式市場をすでに席巻して大儲けしているのです。

　もっとも、彼らにしてみれば、シカゴの先物・オプション取引を中心とするデリバティブ市場がNYの米現物株式市場を先導しているわけですから、米国流をそのまま日本で実践しているだけだと嘯くかもしれません。

　事実、世界の株式市場ではグローバル化、インデックス化、そしてデリバティブ化が近年一段と進展してきています。この流れは世界の資本市場の発展と効率化にとっても好ましいものです。このようなグローバルな資本市場の潮流は、もはや誰にも止められない状況といってよいでしょう。

　だからこそ、我々（日本の投資家）も、デリバティブを駆使する海外ヘッジファンド勢に打ち勝つべきなのです。最強で最新の株式投資法である日経225Weeklyオプション市場で、見事、大勝利を収めてみようではありませんか。

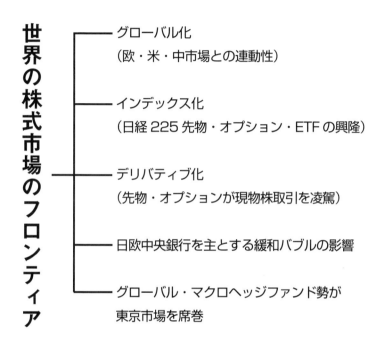

世界の株式市場のフロンティア
- グローバル化
  （欧・米・中市場との連動性）
- インデックス化
  （日経225先物・オプション・ETFの興隆）
- デリバティブ化
  （先物・オプションが現物株取引を凌駕）
- 日欧中央銀行を主とする緩和バブルの影響
- グローバル・マクロヘッジファンド勢が東京市場を席巻

（コラム）
大投手ならぬ大阪取引所のストライク・アウト！

　ストライク・プライスという言葉をご存知でしょうか？　もちろん、本章で解説しているオプション市場における権利行使価格のことです。
　ストライクとは英語で打ちつけるという意味があります。そう、野球の三振は、ストライク・アウトといいます。それと同じストライクなのです。

　オプションには、売る権利のプットと、買う権利のコールがあることは、すでに紹介しました。例えば、プットの場合、現在の日経平均が1万6000円ちょうどだとして、あなたが今後は先安感が強いと予想しているとしましょう。
　この場合、例えば1万5500円の権利行使価格（ストライク・プライス）のプットを1枚買います。次のWeeklyオプションの満期は毎週金曜日の寄り付きと決まっています。それまでに、日経225が1万5000円に下落していれば、あなたは1万5500円のストライク・プライスで売って、1万5000円の日経平均を買えるので、差し引き500円の大きな儲けをゲットできることになります（実際の金額はその1000倍）。

　ところで、このストライク・プライス（権利行使価格）は2013年まで250円刻みと決められていました。それどころか2008年の9月までは500円刻みの時代が長らく続いてい

たのです。

　それが、2013年7月16日に、250円刻みからその半分の125円刻みに変更されたのです。

　ストライク・プライスの125円刻みのオプション取引画面は超クールです。

　何をそんなに興奮しているのかって？

　それは、ストライク・プライスの刻みが小さくなれば、プットやコール等がすぐにイン・ザ・マネーとなり、（日経225Weeklyオプションが）儲かる可能性が高まるからです。

　イン・ザ・マネーとは、オプションに本質的な価値がある状態のことです。**プットの場合、原資産の日経225が権利行使価格（ストライク・プライス）を下回っている状態を指します。コールの場合には、日経225が権利行使価格を上回っている状態**を指します。

　権利行使価格の刻みが小さくなるということは、それだけイン・ザ・マネーとなる確率が高まるわけですから、オプションの買い手には喜ばしいことと言えます。逆に、オプションの売り手は、イン・ザ・マネーになると損を出す確率が高まるわけですから、戦々恐々のはずです。

　いずれにしても、特に、オプションの買い手にとっては、大証のストライク・プライスの刻みの縮小は大英断だと言えるでしょう。2013年までは、当時のマンスリーオプション

の第2金曜日直前になると、日経225が、250円刻みの権利行使価格の間で（それ以前は500円の権利行使価格の間で）上へ下へと奇妙な値動きをすることがしばしばありました。

　先物・オプション取引のトレーダーたちが、満期前にゼロサム・ゲームを狙って壮絶なバトルを繰り広げた結果でしたが、権利行使価格が125円刻みになった後は、そのような異常現象がかなり解消しているとみてよいでしょう。

　これまで、筆者は先物・オプション取引を中心に手がける先駆的な大阪取引所の隠れファンであったため、今回のストライク・プライスの縮小（125円刻み）には心からの感謝を表したいのです。権利行使価格の単純な縮小なのですが、これも金融上のひとつのイノベーションといっても過言ではないでしょう。

　このようなオプション取引における125円刻みのストライク・プライスへの変更と、それに続くWeeklyオプションの誕生には大いに喜びたいと思います。これは大証がストライク・ゾーンのど真ん中へ直球を投げ込んだようなものです。正に、Strike out!
　イカすぜ、大証さん！　合併後のJPXにもこれまで同様の金融革新を大いに期待したいものです。

第2節
日経225Weeklyオプション取引は実はとても簡単

　前節で解説したように、Weeklyオプションの買いでは、**損失限定の少額投資で大きく儲けられる可能性がある**ところに最大の特長があります。

　さらに、従来の日経225マンスリーオプションと比べて「やりやすい」ことも特長です。

①**本質的価値だけに注目すればよい**

　Weeklyオプションの買いは難しくありません。なぜなら、Weeklyオプションでは、プットやコールのプレミアム（価格）に、満期までの時間価値がほとんど残っていないからです。

　したがって、プレミアムの決定に関するやや難解な議論（二項定理やブラック・ショールズ公式等）をほぼ無視しても、事実上、取引に大きな問題はありません。

　特に満期日の前日（＝木曜日）の取引では、**プレミアムの時間価値はほぼゼロ**となっています。

　したがって、日経225Weeklyオプション取引では、時間価値でなく、むしろ本質的価値だけを狙う取引が有効になります。

　従来のマンスリーオプションでは、満期日までの時間が長期（満期日が取引日の4～5週間後など）ですから、必然的に満期日までの時

間価値もたっぷり残っていました。そのため、オプション・プレミアムは数十万円等とかなり高かったのです。

さらに、マンスリーオプションでは、長い満期を待たずして、買い建玉を満期日前（SQ日前）に売却して利益を確定する作戦が有効でした。結局、満期までの時間が長いために、本質的価値よりも、プレミアムの時間価値急騰だけを狙ったやり方のほうに優位性があったのです。

そのうえ、時間価値を狙った従来のマンスリーオプション投資で勝利するためには、プレミアムに関する「ブラック・ショールズ公式」のような、やや複雑で理解が難しい理論とその応用が求められました。

しかし、日経225Weeklyオプション取引では満期日までの残存期間は長くても5営業日程度です。期間が短く（＝時間価値はほとんどなく）、プレミアムもそもそも安いですから、「本質的価値が満期日にイン・ザ・マネーになるか（儲かるか）どうか」にだけ注目すればよいのです。

したがって、本質的価値だけを狙うWeeklyオプションにおいては、プレミアムに関する理論や議論は、極論するならば、ほぼ無視してしまっても差し支えないのです。

②乱高下する日本市場向き

拙著『緩和バブルがヤバい』の中でも示唆しているように、今、特に日欧の中央銀行は通貨戦争に陥っており、世界経済と国際金融市場は混迷を深めています。この影響を受け、遺憾ながら、日本の株式市場の乱高下は、今後、今まで以上に増幅していくことでしょう。

ただ、そこにチャンスが生まれるのも事実です。値動きが激しい状況下だからこそ、日経225Weeklyオプションの出番と言えます。値

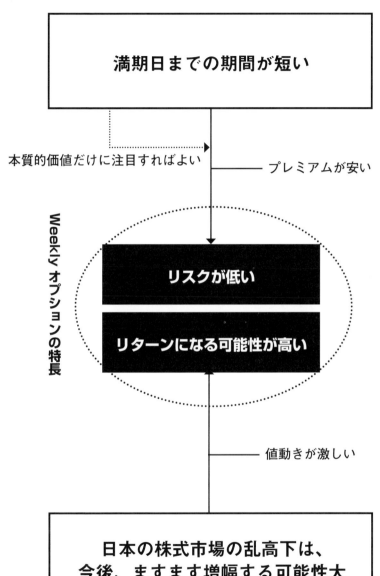

動きが激しいということは、それだけ日経平均株価が"狙っている権利行使価格"に届きやすいということでもあるからです。例えば、日経225が時価1万6000円だとして、権利行使価格1万5500円のプットを買ったとします。このとき、値動きが鈍ければ、1万5500円に到達する可能性は低くなります。逆に、値動きが激しければ、1万5500円に到達する可能性は高まります。

●

　プレミアムが安く、乱高下しやすいという日本市場の特性上、リターンになる可能性も高いWeeklyオプションは、「我が国の投資家が大勝利を収めるためには欠かせない投資法だ」といっても過言ではないのです。

第3節
日経225Weeklyオプション買いの魅力

　日経225Weeklyオプションの買いにはさまざまな魅力があります。本節では、すでに紹介したものも含め、その魅力をあらためて紹介します。

①インデックス投資なので倒産リスクがない
　日経225Weeklyオプションの買いは、個別株投資とは異なる市場全体のインデックス型の投資です。日経225銘柄に投資する分散投資となりますから、個別株投資に見られるような倒産リスクは存在しません。

②証拠金は必要ない
　相場下落時には日経225Weeklyオプションのプット（売る権利）を買い、相場上昇時には同オプションのコール（買う権利）を買えば、相場の状況に合わせて、どちらでも儲けることが可能です。
　なお、先物でも、相場上昇時には日経225の先物（miniを含む）を買い、相場下落時には同先物（miniを含む）を売ることで儲けることができます。ただし、日経225先物取引では、証券会社から（究極的には取引所から）投資家に対して、証拠金が要求されます。
　これに対し、オプションの買いには証拠金は必要ありません。単にオプションの買いのプレミアム代金を支払うだけで、プットでもコー

ルでも購入できます。

③IV（予想変動率）が高まると儲けやすい

　日経225Weeklyオプションでは、市場の不安心理が高まることなどで、IV（＝インプライド。ボラティリティ。予想変動率のこと。第3章で詳述。もしくは用語集参照）が高まるほど、儲けやすくなります。これは、市場の予想変動率が高まれば高まるほど、満期時に日経225が権利行使価格を下回ってプットが儲かる可能性や、逆に日経225が権利行使価格を上回ってコールが儲かる可能性が高くなるためです。

　なお、日経225先物では、市場のIVが高まっただけでは、利益が生まれるわけではなく、相場が実際に投資家の思った方向へ動いて、かつ、それなりの値幅が出ない限り利益は生まれません。

④損失額が限られている

　日経225先物の場合、相場が投資家の期待と逆に動けば、最大損失は巨額に及ぶ危険があります。

　それに対して、日経225Weeklyオプションの買いでは、プットでもコールでも、最大損失はプレミアムとして支払った購入代金だけに限定されます。

　日経225Weeklyオプションの買いならば、損失限定という理由から、比較的安心して取引できます。一方、相場の値幅とIV次第で、極めて大きな利益になりやすい特徴を持っています。

　なお、日経225Weeklyオプションの売りは、プットでもコールでも、巨額の損失につながる可能性がありますので、一般の個人投資家にはお勧めできません。

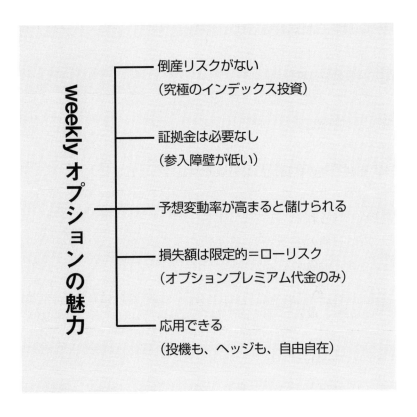

⑤**応用できる**

　日経225Weeklyオプションは、スペキュレーション（投機）にもヘッジにも使えます。

　特に、プットの買いは、巨額の株式ポートフォリオを保有している機関投資家の「相場の下振れリスクを回避する方法」として、しばしば採用されています。

第4節
日経225Weeklyオプション買いの威力

　日経225Weeklyオプションの買いには、さまざまな魅力があるだけでなく、極めて大きなレバレッジ（テコ）という威力もあります。

　ところで、オプション取引は保険契約に似ていると言われます。例えば、海外旅行をする直前に、航空券と一緒に損害保険に一時的に加入する場合などがそうです。
　海外旅行の期間が1週間なのか、それとも1カ月間なのか、あるいはもっと長期の滞在型なのかによりますが、通常、海外旅行の期間が長くなればなるほど、保険料は高くなる傾向にあります。
　逆に、海外旅行の期間が短くなればなるほど、保険料は安くなる傾向にあります。

　日経225Weeklyオプションも一緒です。満期日までの期間が長い（海外旅行の期間が長い）とプレミアム（保険料）は高くなり、満期日までの期間が短い（海外旅行の期間が短い）とプレミアム（保険料）は安くなります。その点こそが、再三申し上げているように、日経225Weeklyオプションの最大の利点なのです。
　しかし、いくら保険料、すなわちプレミアム価格が安いといっても、実際には、「日経225Weeklyオプション＝日経平均株価の1000倍の取引である」ことには、注意が必要です。

どういうことなのか、プットを例に紹介します。例えば、ある木曜日の日経225が1万6000円で取引されているとして、あなたが翌日に満期日を迎える"1万5500円"の日経225Weeklyオプションのプットを1円で買っているとします。このとき、あなたには「日経225を1万5500円で売る権利」があることになります。1000円の投資額（1円×1000倍）ですから気づきにくいかもしれませんが、実際には、約1600万円（厳密には1550万円）の取引を行っていることになるのです。

　この例では、1000円のプット買いで約1600万円の取引をしているわけですから、レバレッジ比率は約1万6000倍になります。

第5節
日経225Weeklyオプション買いの醍醐味

　例えば、日経225が現在1万6000円で取引されているとします。あなたは、「大きなイベントがあるから、満期日の金曜日までには1万5500円を割るだろう」と考えて、権利行使価格1万5500円のプットを買いたいと考えているとします。

　その後、あなたの読みどおり、日経225Weeklyオプションの満期日直前に、悪材料のサプライズが起こって、日経225は急落すると、プット（売る権利）の価値が急上昇することになります。

　このとき、（数ある権利行使価格を持つ）プットの中から、タイミング良く、イン・ザ・マネーとなるプットを安く買えば、大儲けできる可能性が高まります。

　逆に、イン・ザ・マネーとなる直前の権利行使価格を持つプットの売り手にとっては、大損する危険が高まります。

　このように、**日経225Weeklyオプションの醍醐味は、毎週金曜日の満期日直前に、イン・ザ・マネーとなるプットやコールをタイミング良く、かつ、安く買うところにある**のです。

　要するに、グローバルな要因や国内のマクロ要因などをきっかけに、市場が大きく下落（もしくは上昇）していく過程で、アウト・オブ・ザ・マネーから、アット・ザ・マネーへ、そして究極的にイン・ザ・マネーへと大変貌する権利行使価格をもつ「出世魚」ならぬ、「出世プット（出

世コール)」を探し出して買うのです。

　自分の投資資金と相談しながら、いかに安く、そして、イン・ザ・マネーになりそうな権利行使価格のプットやコールを買うか。投資家としては、そこが日経225Weeklyオプションの一番面白いところではないかと考えます。

　高い保険料で買っていたら、この醍醐味は味わえませんが、幸いにも、満期日までの取引期間が1週間ほどしかない日経225Weeklyオプションならば、安い保険料で権利を買える可能性は高いのです。つまり日経225Weeklyオプションならば、掛け捨てでも、保険（いわば相場変動保険）に加入すべき価値がある場合が多いのです。

第6節
日経225Weeklyオプションの生まれた背景と将来予測

1）ウィークリーオプション出生の秘密

　オプションのプレミアムは、ATM（アット・ザ・マネー）の満期日が近づけば近づくほど、下図のように加速度的に下落する傾向があります。このことを時間価値の減衰（time decay）と呼びます。

　忘れてはいけないのは、この時間価値の減衰があるからこそ、格安なプレミアムのプットやコールが買えるということです。満期日まで1週間だけのWeeklyオプションの魅力と威力の秘密はまさにこの時間価値の減衰にあるといっても過言ではありません。

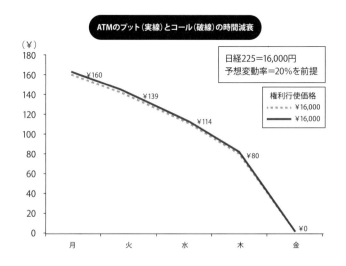

2）ウィークリーオプションの今後

　海外の取引所において、S＆P500等の主要株価指数のWeeklyオプション取引が近年急拡大したことを受け、日経225のWeeklyオプション取引の人気も今、秘かに高まりつつあります。

①本場シカゴでは年率99％で成長中
　オプション取引のメッカともいえる米国シカゴのCBOE取引所のS&P500のWeeklyオプションは、2008年に上場されて以来、1日平均取引高が年平均98.9％の成長率で、毎年、ほぼ倍々ゲームを続けています。CBOEでは、オプション取引に占めるWeeklyの比率は2014年において、すでに約31％になっています。

　日本では、2015年5月に大阪取引所で開始されたばかりのWeeklyオプション取引ですから、米国同様、今後の成長が大いに期待されています。

②満期日が月に4～5回あるという魅力
　仮に、満期日を給料日とするならば、マンスリーオプションの場合は、満期日が月に1回ですので、必然的に給料日も月に1回しかありませんでした。

　しかし、Weeklyオプションなら話は違います。満期日が月に4～5回ありますから、給料日も月に4～5回になります。

　やり方次第で、これまでの先物・オプションの利益の「倍返し」はもちろん、4～5倍返しも可能になります。Weeklyオプションが浸透してくるにつれ、"この点"に興味を抱いて参戦してくる投資家も、今後、増えてくると思います。

●

　Weeklyオプション取引には、すでに紹介したように、さまざまな

メリットがあります。
　本場シカゴで急成長しているように、今後、日本でも Weekly オプションが大流行することでしょう。

(重要コラム)
「出来高が少ない(原稿執筆現在)」という弱点について

①マンスリーオプションとWeeklyオプションを使いこなす
　Weeklyオプション取引はその歴史が浅いこともあって、認知度がまだ低いという状況にあります。そのため、出来高も少なく、現実問題として、その点は多くのトレーダーさんが懸念されるところでしょう。

　出来高が少ないことについて、筆者はどう考えているかというと、実はあまり気にしていません。現在のWeeklyオプション取引を見ると、確かに月曜日、火曜日の取引については、通常、大きなイベントがなければ出来高は多くはありません。それでも、水曜日、特に木曜日の満期日直前の取引量は月～水曜日に比較して、かなり増える現状が見られます。何より、筆者はその将来性に大きな魅力を感じています。

　もちろん、実際にやってみないと、筆者が感じていることも伝わりにくいでしょう。
　そこで、ひとつ、提案させていただこうと思います。それは、**「Weeklyオプション取引とマンスリーオプションをうまく使いこなしましょう」**という作戦です。

　日経225Weeklyオプションの買いの魅力は、数千円程度の少額投資でも(もちろん数万円あれば鬼に金棒)、大きく儲け

られる有効な投資戦略を打ち立てることができる点です。

その主たる理由は、Weeklyオプション取引では、満期（権利行使）が毎週金曜日寄り付きという、1週間以内の取引期間に限定されているところ、要するに、プレミアムの時間価値が格安となっているところにあります。

しかも、Weeklyオプション取引では、日経225（ラージ）先物のように、日経平均株価の1000倍の取引が可能です。これがWeeklyオプションの魅力と威力の秘密なのです。

通常のマンスリーオプションとWeeklyオプションとを比べてみると、「前者は満期が毎月第2金曜日の寄り付きであり、後者は満期が毎週金曜日の寄り付きになること」が異なるだけです。単純に言うと、「違いは満期日までの日数」だけなのですが、もう少し深く掘り下げて考えてみましょう。

マンスリーオプションでは、次の満期日までの残存期間が最大で4～5週間残っている場合もあります。このため、取引開始されたばかりの毎月第3週や第4週のマンスリーオプションのプレミアムは決して安くありません。事実、時間価値がたっぷり残っているマンスリーオプションのプレミアムは、通常、Weeklyオプションのそれの約2倍（＝$\sqrt{4週間}$）も割高です。

ところが、プレミアムが割高なマンスリーオプションも、毎月第2週になると、第2金曜日が接近するために、満期が1週間以内のWeeklyオプションに事実上「変身」します。より具体的には次のような具合です。

毎月第1木曜日の夕場の取引で、翌金曜日の寄り付きに満期が訪れる第1週のWeeklyオプション取引が終了します。

一方、第2金曜日の満期日が1週間後に接近してきたマンスリーオプションのみ、取引が継続します。このとき、満期日まで残り1週間となったマンスリーオプションは、事実上、Weeklyオプションに他なりません。

マンスリーオプションの取引は、満期日である第2金曜日の前日の第2木曜日の通常取引時間内に終了します。そして、同時に、次の第3金曜日の寄り付きを満期とする第3週のWeeklyオプション取引が、第2木曜日の夕場の取引から開始されるという次第です。

②毎月第2金曜日の1週間前を狙う

先述したように、Weeklyオプションの歴史はまだ2年未満と浅いです。これに対して、従来のマンスリーオプションには20年以上の長い歴史があります。

このため、遺憾ながら現在のところ、マンスリーオプション取引に比較するとWeeklyオプション取引は、その出来高や流動性に関して、これから期待されるというところにあります。

だからこそ、将来、Weeklyオプション取引を本格的に始める前に、取引量が圧倒的に多いマンスリーオプションがWeeklyオプションに事実上変貌する「毎月第2金曜日の1週間前」からオプション取引を始めてみることも一案だと考えています。

③木曜日を狙う

　Weeklyオプション取引では、満期日直前の木曜日の出来高が圧倒的に多いようです。

　したがって、Weeklyオプション取引では、木曜日に流動性がもっとも大きくなる性質を利用することも一案でしょう。

　実は、木曜日の取引は、満期日直前ということで時間価値が最小となり、オプションを最も安く買えます。ここに大きなニュースが飛び込めば、それに市場が驚き、オプション買いの魅力と威力が最大となる可能性があります。

　蛇足ですが、もしもWeeklyオプション取引よりも短いDailyオプション取引が存在するのであれば、筆者はプレミアムがより安い「後者」を選ぶと思います。

　それはともかく、先物・オプションのメッカであるシカゴではS&P500に関するWeeklyオプション取引は年々倍増する勢いです。それは「安く買って高く売る」という投資の基本原理に合致しているからでしょう。

　賢明な投資家なら、Weeklyオプションの革新性や魅力、そしてその威力と将来性に、いち早く気づくべきです。我が国でも将来、Weeklyオプションは最も知的で刺激的な投資ゲームになると筆者は確信しています。

第 2 章

Weeklyオプション取引で利益が出る流れ

第1節
儲けを出すやり方は2種類

　本書で勧めている Weekly オプション取引の買い戦略では、儲けを出す方法が2つあります。

①**本質的価値を狙って満期日に決済する**
　ひとつは、満期日にイン・ザ・マネーとなる権利行使価格のオプション（プット＆コール）を買い、満期日まで待って利益を出すやり方です。このパターンでは、出来高も見込め、プレミアムが最も安くなる満期日（金曜日）直前の木曜日に仕掛けることが多くなります。なお、プットおよびコールの最終価値は以下のとおりです。

【プット（売る権利）の最終価値】
日経225のSQ値が権利行使価格を下回った金額か、ゼロのいずれか大きいほう

【コール（買う権利）の最終価値】
日経225のSQ値が権利行使価格を上回った金額か、ゼロのいずれか大きいほう

---

②可能性の価値の急騰を狙って満期日前に決済する

もうひとつは、満期日にイン・ザ・マネーとなる権利行使価格のオプション(プット&コール)を意識しつつ、木曜日の引けまでのプレミアムの上昇を狙って、満期日前に利益が出ていたら確定してしまうやり方です。

プレミアムは満期までの間に、買いと売りの需給関係に左右されながら増減します(第4章で後述)。具体的には、日経225の時価の変動によって、イン・ザ・マネーとなる可能性が変動し、同時にIV(予想変動率、第3章で詳述)も変動することに伴って、プレミアムも増減します。

Weeklyオプション取引(短期勝負)とはいえ、月曜日〜水曜日であれば、可能性の価値と呼ばれる「時間価値」も十分残っています。その点に注目し、具体的には、日経225の時価が変動し、「イン・ザ・マネーになりそうだ」という可能性の価値が急騰したところ(=プレミアムが値上がりしたところ)を狙って決済すれば、満期日前であっても、そこで利益を確定することができるのです。

例えば、月曜日に20円のプレミアムで買ったプットのオプションが水曜日に111円に跳ね上がっているとしたら(53ページ参照)、満期日を待たずにその場で決済してしまえば、差し引き91円(111円 − 20円)の儲けになります。なお、満期日前に決済するときの最終損益は以下のとおりです。

【満期日前の最終損益】
プレミアムの売り値と買い値の差額

第2節
満期時に利益が出る流れとは

「短期間で勝負が決する」「イン・ザ・マネーとなる権利行使価格をできるだけ選ぶ」など、細かいところで違いはありますが、利益の出る流れ自体は、Weeklyオプションも、マンスリーオプションも同じです。

オプション取引に精通している人にとっては蛇足的な話になるかもしれませんが、実際の例に即して、プットの買いとコールの買いを紹介します。

本節では、プットの買いとコールの買いについて、例を示しながら、より実践的な話をしていきます。

1) プットの買いで利益が出る流れとは

さて、Weeklyオプションのプット（売る権利）の買いで大きく儲けるためには、どうすればよいでしょうか。

このことを考察するために、横軸に満期時点の日経平均株価（日経225）のSQ値をとり、縦軸にプットの満期時点の損益を示した損益図（次ページ参照）を見ることにしましょう。

仮に、ある月の第1週の初めである月曜日に、日経平均株価が1万6000円で取引されていると想像してみましょう。

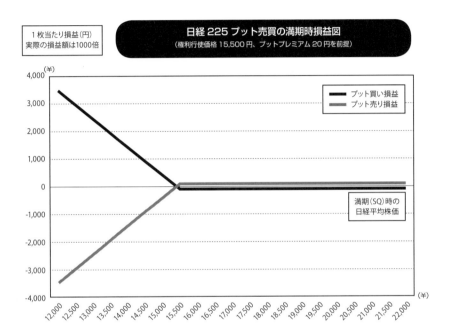

　プットの買いの満期時における損益予想図は、ホッケーのスティックのように折れ曲がっています。また、先物の満期時における損益予想図はまっすぐで直線なのに対して、プットの損益図は非線形です。その理由は、プットの買いの最大損失額はプレミアム代金に限定され、損益線はこのプレミアム金額未満には下がれないからです。このため、プットの損益線は、ホッケーのスティックのように、プレミアム分の損失金額で折れ曲がるのです。

週の初めの月曜であることに留意してください。今（月曜日）、その週の最終取引日である金曜日の寄り付きを満期とするWeeklyオプションのうち、権利行使価格1万5500円のプット（売る権利）を、（日本取引所グループが運営する）同オプション市場で、あなたが20円のプレミアムで買ったとします（IV＝20％を前提とすれば、月曜日に、実際に20円で買うことができます）。

ここで、日経225の時価1万6000円を500円下回る1万5500円の権利行使価格のプットを買っていることにも留意してください。

やがて、その週の金曜日の満期（SQ）日がやってきます。そして、SQ日の寄り付きの日経225の特別清算値（SQ値）が、週初めの1万6000円から1000円安い、1万5000円まで急落して決まったとします。

このWeeklyオプションの満期時点で、権利行使価格1万5500円のプットをすでに買っていた投資家は、満期時点での時価1万5000円の日経平均株価（SQ値）を、権利行使価格の1万5500円で売れることになります。

結局、このプットの買い手であるあなたは、「権利行使価格（1万5500円）－SQ値（1万5000円）＝500円」から、プレミアム代金20円を差し引いた480円の利益を得ることができるのです。実際は、その1000倍の48万円の利益になります（※手数料と税金は除く）。

では、同様な相場下落局面で、満期日でのプットのSQ値が1万5000円ではなく、さらに500円低い1万4500円まで大きく下落すればどうなるでしょうか。

もうおわかりですよね。

権利行使価格の1万5500円から、日経225のSQ値である1万4500円を差し引いて、さらにプットのプレミアム代金20円を差し引いた980円の利益を獲得できます。実際の金額は、その1000倍の98万円となります。

　要するに、プットの買い手であるあなたは、金曜日の寄り付きの満期時に、日経225が1万5480円［＝1万5500円（権利行使価格）－20円（プレミアム代金）］を下回れば、10円ごとに1万円（＝10円×1000倍）の利益が出ることになります。ここで20円を差し引いているのは、プットを買う時点でプレミアム代金をすでに支払っているためです。

　このように、プットの買いの利益は、2015年の夏に起こったチャイナショックのように、日経225が満期時（権利行使時）までに急落すればするほど、大きく膨らみます。したがって、「損失限定（この場合は20円×1000倍＝2万円）で、かつ、利益がほぼ無限大」が可能となるのです。

※補足説明：利益にならないときは？

　もしも、満期時点の寄り付きで決まる日経平均株価の特別清算値（SQ値）が、権利行使価格を割らず、プットの本質的価値が生まれなかった場合には、プットの買い手はどうしたらよいでしょう。
　SQ値よりも安い権利行使価格で売ることを迫られ大損するのではないかと不安に思うかもしれませんが、実はそのようなことはありません。先物と違って、プットもオプションのひとつであり、権利ではあっても、義務ではないからです。
　SQ時点の清算値がプットの権利行使価格を上回り（＝売る価格が清算値を下回ってしまい）、結局、プットの本質的価値が生まれなかった

場合には、「権利行使価格で売る」という権利を放棄すればよいのです。

実際、わざわざ不利な値段で安く売って損を選ぶ投資家はいません。このため、本質的な価値が生まれなかったプットは、実務上、すべて自動的に権利放棄とみなされ、しかるべく処理されます。

つまり、プットの買い手にとっての最大の損失額はプットの買いに支払ったプレミアム代金（上記の例では20円。実際の金額は2万円）に限定されます。

いずれにしても、プット（売る権利）を買って保有するあなたは、このように、SQ値が権利行使価格を下回って儲かったときに権利を行使し、SQ値が権利行使価格を上回って儲けが出ない場合には権利を放棄するという「いいとこ取り」が自動的にできるのです。

2）コールの買いで利益が出る流れとは

ここからは、Weeklyオプションのコール（買う権利）の買いについて、損益図（次ページ参照）と例を出しながら説明します。

仮に、ある月の第1週の初めである月曜日に、日経平均株価が1万6000円で取引されていると想像してみましょう。

今、第1週末の金曜日の寄り付きを満期とするWeeklyオプションの権利行使価格1万6500円のコール（買う権利）を、（日本取引所グループが運営する）オプション市場で15円のプレミアムを支払って買ったとします（IV＝20％を前提とすれば、月曜日に、実際に15円で買うことができます）。つまり、権利行使価格1万6500円のWeeklyコール買いのケースです。

その後、満期日（金曜日）の寄り付きで、日経225が週初めの1万6000円から1万7000円まで急上昇し、日経225のSQ値が1万7000円で決定されたとします。

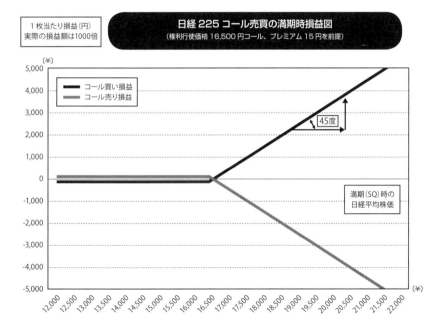

最大損失額はプレミアム代金に限定され、損益線はこのプレミアム金額未満には下がれません。そこで、コール(買う権利)の損益線は、アイスホッケーのスティックのように、プレミアム分の損失金額で折れ曲がるのです。

このとき、この週のWeelyオプションの満期時点で、コールの買い手はSQ値の時価1万7000円の日経225を、権利行使価格の1万6500円で買う権利を持っていることになります。したがって、その差額の500円からWeeklyコールの買いに支払ったプレミアム15円を差し引いた485円の利益を獲得することになります。

日経225のSQ値から権利行使価格を差し引いた金額でコールの買いに支払ったプレミアム分を賄えれば、コールの買い手に利益が出ることになります。

実際の取引金額は、日経225Weeklyオプション取引単位1枚当たり1000を乗じたものですので、485円×1000=48万5000円の利益が生まれたことになります。

同様に、Weeklyオプションの満期日金曜の寄り付きで決まる日経225（SQ値）が1万7000円ではなく、さらに500円高い1万7500円まで大きく暴騰したらどうなるでしょうか。

先述したように、コールの本質的価値は、日経225のSQ値が権利行使価格をどれだけ上回るかに左右されます。金曜日の寄り付きで決まったSQ値である1万7500円から権利行使価格の1万6500円を差し引いて、さらにWeeklyコールのプレミアム代金15円を控除した985円の利益を獲得できます。実際の金額はその1000倍の98万5000円となります。

つまり、コールの買い手であるあなたは、金曜日の寄り付きの満期時に、日経225が1万6515円［＝1万6500円（権利行使価格）＋15円（プレミアム代金）］を上回れば、10円上がるごとに1万円（＝10円×1000倍）の利益を手にできるのです。なお、ここで、利益が出始める損益分岐点（1万6515円）がプレミアム代金分引き上げられているのは、すでにコールの買いのプレミアム代金を支払っているためです。

このように、コールの買いの利益は、日経225が満期時までに急騰すればするほど大きく膨らみます。したがって、損失限定（この場合、15円×1000倍＝1万5000円）の少額投資で、利益についてはほぼ無限大になることもあり得るのです。

コールの買いは、特に相場が急騰・暴騰しそうなときに大いにお勧めです。実際、2014年10月31日に実施された黒田ハロイーン・バズーカでは、サプライズ緩和を受けて、このような日経225とコール買いの急反発劇が生まれています。

※補足説明：利益にならないときは？

もしも、SQ時点の寄り付きで決まる日経平均株価のSQ値が、権利行使価格を超えず、コールの本質的価値が生まれなかった場合には、コールの買い手はどうしたらよいでしょう。

プットのところで説明したときと同様、コールオプションは権利ではあっても、義務ではないわけですから、高い権利行使価格でわざわざ損を出して買い取る必要はなく、買う権利を放棄すればよいのです。

結局、コールの買い手にとっても、最大の損失額はコールの買いに支払ったプレミアム代金（この例の場合は15円。実際は1万5000円）に限定されます。

第3節
満期日前に利益が出る流れとは

　ここまで、満期日に決済することを前提にお話ししてきましたが、実は、満期日前にプットやコールを反対売買することで決済することもできます。

　満期日前に決済するときは、プレミアムの変動に注目します。プレミアムは、日経225の変動やIV（インプライド・ボラティリティ。予想変動率のこと）、時間価値の減少などの影響を受けることで、満期日までに上がったり、下がったりします。
　したがって、プットやコールの買い手であれば、「日経225の時価が変動し、それに伴ってイン・ザ・マネーとなる可能性が高まり、IVも増大した結果、プレミアムが上がったとき」に、満期日を待たずに反対売買すれば、プレミアムの上昇分だけ利益になります。
　なお、通常、コールの場合は、原資産の日経225が値上がりするとIVも上がります。反対に、プットの場合は、原資産の日経225が値下がりするとIVは上がります。イン・ザ・マネーとなる可能性を市場が評価するためです。

　次ページの上の表を見てください。これは、IV20％のときの権利行使価格1万5500円のプット・プレミアムの推移表です。下の表は、IV50％のときの、同じく権利行使価格1万5500円のプット・プレミ

曜日別・日経 225 の時価別のプット・プレミアムの推移表（IV20%）

プット IV=20% 権利行使価格＝ 15500					
日経 225	月	火	水	木	金
¥17,000	¥0	¥0	¥0	¥0	¥0
¥16,750	¥0	¥0	¥0	¥0	¥0
¥16,500	¥1	¥0	¥0	¥0	¥0
¥16,250	¥4	¥2	¥0	¥0	¥0
¥16,000	¥20	¥11	¥4	¥0	¥0
¥15,750	¥62	¥47	¥29	¥10	¥0
¥15,500	¥158	¥136	¥111	¥79	¥0
¥15,250	¥313	¥296	¥278	¥260	¥250
¥15,000	¥520	¥512	¥505	¥501	¥500
¥14,750	¥756	¥753	¥751	¥751	¥750
¥14,500	¥1,003	¥1,002	¥1,001	¥1,001	¥1,000
¥14,250	¥1,252	¥1,252	¥1,251	¥1,251	¥1,250
¥14,000	¥1,502	¥1,502	¥1,501	¥1,501	¥1,500

曜日別・日経 225 の時価別のプット・プレミアムの推移表（IV50%）

プット IV=50% 権利行使価格＝ 15500					
日経 225	月	火	水	木	金
¥17,000	¥33	¥17	¥5	¥0	¥0
¥16,750	¥54	¥31	¥12	¥1	¥0
¥16,500	¥87	¥56	¥26	¥5	¥0
¥16,250	¥128	¥94	¥53	¥15	¥0
¥16,000	¥197	¥151	¥99	¥41	¥0
¥15,750	¥283	¥232	¥172	¥97	¥0
¥15,500	¥392	¥340	¥277	¥196	¥0
¥15,250	¥527	¥477	¥418	¥344	¥250
¥15,000	¥687	¥642	¥593	¥538	¥500
¥14,750	¥870	¥834	¥797	¥763	¥750
¥14,500	¥1,073	¥1,046	¥1,021	¥1,004	¥1,000
¥14,250	¥1,292	¥1,274	¥1,259	¥1,251	¥1,250
¥14,000	¥1,523	¥1,512	¥1,504	¥1,501	¥1,500

アムの推移表です。

　仮に、ある週初めの月曜日に、日経平均株価が1万6000円で取引されているとします。今、その週末の金曜日の寄り付きを満期とする権利行使価格1万5500円のプット（売る権利）を、20円のプレミアムを支払って買ったとします。

　その後、火曜日に日経平均株価が1万5750円に下がると、イン・ザ・マネーとなる確率が高まったことを受け、IVが20％のままだとしても、権利行使価格1万5500円のプットのプレミアムは47円に値上がりします。

　さらに、水曜日になって、日経225の時価が500円下がって1万5500円のアット・ザ・マネーになると、本質的価値が生まれる確率がさらに高まったことを受け、IVが20％のままだとしても、プレミアムは111円まで値上がりします。

　通常、プットの買いの場合、日経225の時価が下がり、アット・ザ・マネーとなれば、IVも急拡大します。仮に、水曜日に、IVが50％まで跳ね上がっていたとしたら、権利行使価格1万5500円のプットのプレミアムは277円まで急上昇します。

　このときに買い建玉をオプション市場で売却して決済すると、前者の場合は91円（111円 − 20円 = 91円）の利益になります。1000倍ですから、実際には9万1000円（91円×1000倍）の儲けになります。後者の場合には、25万7000円〔（277円 − 20円）×1000倍〕の儲けになります。

　このように、満期日の本質的価値を最後まで狙わずに、可能性の価値急騰を狙って満期日前に決済することも可能なのです。

〜ここまでのまとめ〜

Weeklyプット買いの一般的な特徴

◎弱気の戦略。満期時点までの日経225の大幅下落を予想しプットを買う
◎プットの利益は日経225のSQ値が権利行使価格から下方乖離して下落するほど増大
◎損失は支払ったプット・プレミアム代金に限定
◎損益分岐点は「権利行使価格－プット・プレミアム代金」
◎満期前に売却するのなら、最終取引日の木曜日が接近するにつれて、プレミアムの時間価値が加速度的に減衰すること（タイム・ディケイ）に注意

Weeklyコール買いの一般的な特徴

◎強気の戦略。日経225の上昇を予想しコールを買う
◎利益は、日経225が権利行使価格を超えて、上昇すればするほど増大
◎損失は支払いプレミアム代金に限定
◎損益分岐点は「権利行使価格＋コール・プレミアム代金」
◎満期前に売却するのなら、最終取引日の木曜日が接近するにつれて、プレミアムの時間価値が加速度的に減衰すること（タイム・ディケイ）に注意

第4節
Weeklyオプション取引の勝利の方程式とは

　Weeklyオプションの買いで利益を出すために必要な条件は何でしょうか？　本節では、満期時損益図を見ながら、その「勝利の方程式」を探ります。

1）本質的価値を狙い満期日に決済する場合の勝利の方程式

　プットとコールに分けてお話しします。

①プットの場合

　次ページの上段の図は、満期日の日経225のSQ値（横軸）と権利行使価格1万5500円のプットの損益（縦軸）の関連図です（45ページで紹介したものと同じものです）。もう一度、眺めてみてください。

　満期である金曜日寄り付き時点のプットの買いの損益は、当然ながら、予想変動率とはまったく関係ありません。**満期時点ではプット買いの損益を決めるのは本質的価値だけ**です。権利行使価格（ここでは1万5500円）はすでに投資家がプットを買って決めたわけですから、問題になるのはSQ値だけです。要するに、SQ値が1万5500円よりも下で決まるかどうかだけなのです。

　ということは、**満期時にSQ値が権利行使価格を下回るプットを、事前にできるだけ安く買う**ことができれば、それで儲けが出るのです。

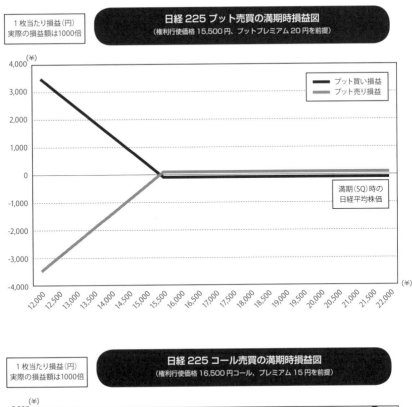

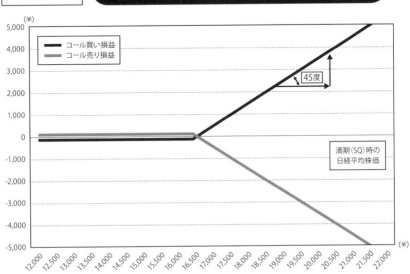

つまり、相場（日経225）が満期時までに急落すると想定されるときに、できるだけ割安なプレミアム代金で、事前にプットを買っておくことが「プット買いの勝利の方程式」になるのです。どれだけ儲けられるかは、後は、天に任せればよいのです。

ちなみに、プット・プレミアムは同損益図ではホッケーのスティックを垂直移動させる役目を果たすものであり、プットの利益増大のためには、プットの買い値はできるだけ小さいことが望まれます。

②コールの場合

前ページの下段の図は、満期日の日経225のSQ値（横軸）と権利行使価格1万6500円のコールの損益（縦軸）の関連図です（49ページで紹介したものと同じものです）。もう一度、眺めてみてください。

プットのときと同様、満期時点では、予想変動率はコールの買いの損益にまったく関係ありません。**満期時点ではコールの買いの損益は本質的価値だけ**であり、最終損益を決めるのはSQ値だけになるからです。

したがって、**満期時にSQ値を上回る権利行使価格のコールを、事前にできるだけ割安に買う**ことができれば、それで儲けが出るのです。つまり、相場（日経225）が満期時までに急騰すると想定されるときに、できるだけ割安なプレミアム代金で、事前にコールを買っておくことが「コール買いの勝利の方程式」となるのです。最終的にどれだけ儲けられるかは、この勝利の方程式のもとで、天に任せるべきなのです。

ちなみに、プットのときと同様、コール・プレミアムは同損益図では、ホッケーのスティックを垂直移動させる役目を果たすものであり、コールの利益増大のためには、コールの買い値はできるだけ小さいことが望まれます。

③損益図からわかること

　プットの買いも、コールの買いも、思惑通りに動いたときには、理論上、利益は行くところまで伸びます。思惑通りにならなかったとしても、損失は限定的です。

　このローリスク＆ハイリターンこそが、Weeklyオプション買いの大きな魅力なのです。

　損益図からわかるように、Weeklyオプション買いの恩恵を受けるには、次の２つのことが必要になります。

① （SQ前に）安く買うこと
② （SQ時に）値幅があること（イン・ザ・マネーになること）

　この２つの要素のうち、投資家（トレーダー）自身で完全にコントロールできるものは「安く買うこと」だけです。

　値幅については、過去の値動きの統計やHV（ヒストリカル・ボラティリティ）等を見て、「どのくらい動きそうか」を予測することはできても、（買った後で）実際に値幅がどのくらいになるのかまでは誰にも予測できません。

　したがって、**我々投資家（トレーダー）は、「いかに安く買うか」だけに神経を集中させるべき**なのです。

　安く買うためには、時間価値がほとんどない満期日直前に買うことや、市場が慢心してIVが低い（＝プレミアムが安い）ときに買うことが求められます。

　そして、市場のサプライズが予想され、かつ、安く買えるのであれば積極的にトライして、買った後の値幅については天に任せるスタイルがWeeklyオプションで勝ちを収めるための型なのです。

　ただし、安く買えないのであれば、あるいは市場のサプライズが期待できないのであれば、そのときは見送る勇気も必要なのです。

2）可能性の価値の急騰を狙い満期日前に決済する場合の勝利の方程式

　Weeklyオプションの買い（権利行使価格が1万5500円で、IVが20％のとき）で利益を出すために必要な条件について、満期日前のプットの理論プレミアムを見ながら探ってみましょう。なお、プレミアムについては第4章で詳しく解説します。

　62ページの表を見てください。これは、53ページでも紹介した「日経平均株価が1万6000円で取引されているときの権利行使価格1万5500円のプット・プレミアムの推移表」です。上の表はIV20％を前提としたもので、下の表はIV50％を前提としたものです。
　表を見ると、日経225の時価が1万7000円から1万4000円へと下落するつれて（思惑通りに動くにつれて）、プレミアムが増加しているのがわかります。逆に、値動きがないと（例えば、月曜日から金曜日にかけて、日経225の時価がずっと1万6000円で推移するような場合だと）、タイムディケイの影響を受けて、プレミアムが減っているのがわかります。

　さらに、63ページの図（横軸：日経225、縦軸：プレミアム）を見てください。同じ日経225でも、ボラティリティが20％から50％へ高まると、プレミアムが大きく値上がりしていることが見てとれます。例えば、IVが20％で、時価1万6000円のときの権利行使価格1万5500円のプットのプレミアムは20円ですが、IVが50％に跳ね上がると、約10倍の197円になっています。
　以上のことから、満期前の決済で利益を手にするには、次のことを理解しておくことが必要だとわかります。

◎満期日までの間に、日経225が変動すると、その動きを市場が評

価してIVも変動し、それに応じてプレミアムも動く。プットの場合は、日経225の時価が下がるとプレミアムが上がり、コールの場合は、日経225の時価が上がるとプレミアムが上がる
◎満期日までの間に思惑通りの値動きがないと、プレミアムは減少していく。ということは、事前に値動きがありそうなイベント等があるかどうかを調べ、そのイベントを背景に参戦する必要がある
◎満期日前は、プレミアムが安いとき（IV20％のとき）に買っておき、日経225が変動するなど、「イン・ザ・マネーになりそうだ」という可能性の価値の高まりによってIVが増大し、結果的にプレミアムが高くなったとき（IV50％）に売るという戦略が有効

　オプションを買った時点よりもプレミアムが上がっているということは、思惑通りに動いているということでもありますので、そのまま、満期日まで待つと、より大きな利益を手にできる可能性があります。
　ただ、それは、あくまでも"可能性"に過ぎません。満期日に、イン・ザ・マネーになるかどうかは保証の限りではありません。
　ですから、利益が出ているのであれば、満期前に確定してしまおうということも、ひとつのやり方としては有効なのです。

曜日別・日経225の時価別のプット・プレミアムの推移表（IV20%）

プット IV=20% 権利行使価格＝15500					
日経225	月	火	水	木	金
¥17,000	¥0	¥0	¥0	¥0	¥0
¥16,750	¥0	¥0	¥0	¥0	¥0
¥16,500	¥1	¥0	¥0	¥0	¥0
¥16,250	¥4	¥2	¥0	¥0	¥0
¥16,000	¥20	¥11	¥4	¥0	¥0
¥15,750	¥62	¥47	¥29	¥10	¥0
¥15,500	¥158	¥136	¥111	¥79	¥0
¥15,250	¥313	¥296	¥278	¥260	¥250
¥15,000	¥520	¥512	¥505	¥501	¥500
¥14,750	¥756	¥753	¥751	¥751	¥750
¥14,500	¥1,003	¥1,002	¥1,001	¥1,001	¥1,000
¥14,250	¥1,252	¥1,252	¥1,251	¥1,251	¥1,250
¥14,000	¥1,502	¥1,502	¥1,501	¥1,501	¥1,500

曜日別・日経225の時価別のプット・プレミアムの推移表（IV50%）

プット IV=50% 権利行使価格＝15500					
日経225	月	火	水	木	金
¥17,000	¥33	¥17	¥5	¥0	¥0
¥16,750	¥54	¥31	¥12	¥1	¥0
¥16,500	¥87	¥56	¥26	¥5	¥0
¥16,250	¥128	¥94	¥53	¥15	¥0
¥16,000	¥197	¥151	¥99	¥41	¥0
¥15,750	¥283	¥232	¥172	¥97	¥0
¥15,500	¥392	¥340	¥277	¥196	¥0
¥15,250	¥527	¥477	¥418	¥344	¥250
¥15,000	¥687	¥642	¥593	¥538	¥500
¥14,750	¥870	¥834	¥797	¥763	¥750
¥14,500	¥1,073	¥1,046	¥1,021	¥1,004	¥1,000
¥14,250	¥1,292	¥1,274	¥1,259	¥1,251	¥1,250
¥14,000	¥1,523	¥1,512	¥1,504	¥1,501	¥1,500

曜日別・日経225の時価別のプット・プレミアムの推移グラフ（IV20%）

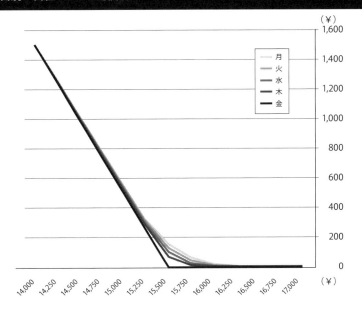

曜日別・日経225の時価別のプット・プレミアムの推移グラフ（IV50%）

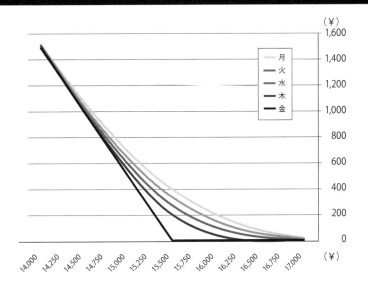

第5節
まとめ

　ここまでの話を、最後にまとめてみます。Weeklyオプションで勝ちを収めるためには、以下のことを頭に入れておく必要があります。

【大前提】
安いプレミアムで買うこと

【満期日の決済で利益を出すには】
過去の値動きの統計やHV等を見て、イン・ザ・マネーになりそうな権利行使価格を選ぶこと

【満期日前の決済で利益を出すには】
プレミアムが安いとき（※IVが低いときなど）に買い、可能性の価値が増大し、プレミアムが高くなったときに売ること

　上記のことを守りつつ、イベントカレンダーを見ながら、大きく動きそうなときに参戦するのが、勝利への近道となります。

第3章

投資家心理を反映するボラティリティについて

第1節
変動幅の大きい日本市場
～マンスリーオプションのSQ値からみるボラティリティ～

1）SQの変化率と変化幅の関係を知る

　第2章で、Weeklyオプション取引では、満期時にイン・ザ・マネーになっていることが重要であることをお話ししました。イン・ザ・マネーになりやすいかどうかを分析するうえで参考になるのがボラティリティ、厳密にはIV（インプライド・ボラティリティ：予想変動率）です。

　IVが高まると、プットでもコールでも、満期時に日経225Weeklyオプションの原資産である日経平均株価が権利行使価格を下回ったり（プットの場合）、あるいは上回ったり（コールの場合）することでプットやコールに本質的価値が生まれる可能性が高まります。そのこと（＝イン・ザ・マネーになる可能性が高まったこと）を、オプション市場が高く評価するため、（IVが高まると）プレミアムも上がるのです。

　ここで、実際に、「SQ値の変化率と変動幅」に注目してみましょう。
　WeeklyオプションのSQ値とは、毎週金曜日寄り付きの満期時に決定される日経平均株価（日経225の清算値）のことです。このSQ値によって、Weeklyオプションの本質的価値が最終的に決まります。
　ただ、Weeklyオプション取引は2015年5月下旬に開始されたばかりで歴史が浅いため、ここでは、1988年から取引されているマン

【第1節で覚えてほしい話】

日本市場＝乱高下が激しい

↓

値幅と変動率（ボラ）があることの裏返しでもある

↓

値幅とボラがあるということは
オプションにとっては好材料

↓ なぜなら……

値幅とボラが利益の源泉になるから

◆オプションSQ値（2012年12月～2016年4月）

限 月	SQ値(日経225)	SQ間変化率	SQ間変化幅(円)
2012年12月	9720.36		
2013年1月	10,771.98	10.8 %	1,052
2月	11,151.92	3.5 %	380
3月	12,072.98	8.3 %	921
4月	13,608.19	12.7 %	1,535
5月	14,601.95	7.3 %	994
6月	12,668.04	-13.2 %	-1,934
7月	14,410.75	13.8 %	1,743
8月	13,640.03	-5.3 %	-771
9月	14,323.29	5.0 %	683
10月	14,349.65	0.3 %	26
11月	14,013.17	-2.3 %	-336
12月	15,303.19	9.2 %	1,290
2014年1月	15,784.81	3.1 %	482
2月	14,536.09	-7.9 %	-1,249
3月	14,429.87	-0.7 %	-106
4月	13,892.77	-3.7 %	-537
5月	14,104.82	1.5 %	212
6月	14,807.72	5.0 %	703
7月	15,084.06	1.9 %	276
8月	15,036.83	-0.3 %	-47
9月	15,915.98	5.8 %	879
10月	15,296.37	-3.9 %	-620
11月	17,549.60	14.7 %	2,253
12月	17,281.64	-1.5 %	-268
2015年1月	17,341.88	0.3 %	60
2月	17,886.04	3.1 %	544
3月	19,225.43	7.5 %	1,339
4月	20,008.47	4.1 %	783
5月	19,270.79	-3.7 %	-738
6月	20,473.83	6.2 %	1,203

次ページへ

限月	SQ値（日経225）	SQ間変化率	SQ間変化幅(円)
7月	19,849.15	-3.1 %	-625
8月	20,540.36	3.5 %	691
9月	18,119.49	-11.8 %	-2,421
10月	18,137.50	0.1 %	18
11月	19,496.87	7.5 %	1,359
12月	18,943.54	-2.8 %	-553
2016年1月	17,420.01	-8.0 %	-1,524
2月	15,156.81	-13.0 %	-2,263
3月	16,586.95	9.4 %	1,430
4月	15,507.59	-6.5 %	-1,079
5月	16,845.67	8.6%	1,338
6月	16,639.11	-1.2%	-207
7月	15,331.34	-7.9%	-1,308
8月	16,926.60	10.4%	1,595
9月	17,011.77	0.5%	85

	SQ値（日経225）	SQ間変化率	SQ間変化幅
平均	15,868 円	1.6%	164
標準偏差	2,593	7.1%	1,112
最大値	20,540	14.7%	2,253
最小値	9,720	-13.2%	-2,421

スリーオプションのSQ値をまず見てみましょう。

68〜69ページの表は、2012年12月から、直近の2016年9月までの日経225マンスリーオプションのSQ値を表しています。いわば、アベノミクスやクロダノミクス下の日経225の中期推移を表しています（2015年5月から開始されたWeeklyオプションのSQ値の推移については次節で解説します）。

当然のことですが、ある月の満期日（第2金曜日）から翌月の満期日までの間に、日経平均株価が大きく動けば動くほど、日経225オプションを利用した投資リターンは大きくなります。日経225オプションでは、最終的に満期日で儲けが出る（本質的な価値が生まれてイン・ザ・マネーとなるかが決まる）からです。

ちなみに、表にあるSQ間の日経225の変化幅は、当月と前月の日経225のSQ値の差を表したものです。また、日経225のSQ間変化率は、当月のSQ値を前月のSQ値で除して1を引いた値をパーセント表示したものです。

なお、本章の第4節で詳述しますが、日経225のボラティリティとは、通常、日経225の日次変化率を計算し、過去20日間の標準偏差を年率に換算することで定義されます。俗に、ヒストリカル・ボラティリティ（HV）と呼ばれます。

2）6つの大きな値動き

68ページから69ページの表を見ると、6つの大きな値動きに気づくと思います。

●

①ひとつ目の変化（アベノミクス）

第一に、いわゆる積極的な金融、機動的な財政、そして構造改革（成長戦略）からなる3本の矢のアベノミクス開始当初の2013年1月

のオプションの特別清算値（SQ値）は1万771.98円でした。2012年12月の満期時点で、権利行使価格1万円のコールを買ったオプション投資家には本質的価値が77万1000円生まれています。かなりの利益を上げることができたことを示唆しています。

②2つ目の変化（クロダノミクス）

異次元緩和のクロダノミクスが開始された2013年4月のSQ値は、3月よりも1500円以上上昇しています。このとき、1万3000円の権利行使価格のコールを買ったオプション投資家は、本質的価値60万8000円を手にできた可能性がありました。

③3つ目の変化［FRBの量的緩和第3弾（QE3）規模縮小（テーパリング）］

2013年6月のSQ値は、5月のSQ値から（日経225が）1934円も急落しました。当時のFRB議長バーナンキ氏が量的緩和第3弾（QE3）での資産買い取り額の縮小を示唆したことが急落の原因です。このとき、1万4000円の権利行使価格のプットを買えば、6月の満期日に133万2000円の本源的価値を生み出せた可能性がありました。

④4つ目の変化（黒田ハロイーン・バズーカ）

2014年11月のSQ値は、同年10月31日に放たれたいわゆる黒田ハロイーン・バズーカの量的・質的金融緩和の拡大策によって、10月SQ値から2000円以上も急上昇しました。それは、その後一連のサプライズ緩和を狙った「黒田ショック」の始まりでした。

⑤5つ目の変化（中国版ブラック・マンデー）

2015年9月のSQ値は、黒田ハロイーン・バズーカ砲に伴う急激な円安の進展と、FRBの利上げ懸念を背景とするドル高・人民元高

に耐えきれなくなった人民元の突然の大幅切り下げをきっかけとして、日本株も大きく下落しました。直接的には、中国版ブラック・マンデーという中国株急落が引き金となり、8月のSQ値から2400円強も急落しました。このとき、プットを買っていれば、大儲けできたことは自明です。

⑥ 6つ目の変化（日銀マイナス金利政策導入という「三日天下」）

　2016年1月から4月までは、大乱高下相場の様相を呈しました。例えば、1月に日経225が約1500円の急落、次の2月にはさらに2000円を超える2カ月連続の大暴落を記録しました。

　2015年12月中旬にFRBが実に9年振りとなる政策金利の引き上げを開始しました。これを受けて、中国市場から資本が逃避するのではとの懸念が2016年1月に再び台頭したのです。このため、中国株が再び大幅下落、日経平均株価も、その余波を受けて大暴落したのです。

　そこに日銀のマイナス金利政策が導入され、当初は円安・株高となりましたが、3日後には米長期金利低下を背景に再び急激な円高・日本株安に見舞われました。日米の通貨戦争過熱と世界景気の減速懸念台頭したためです。

●

　以上、45カ月（2012年12月〜2016年8月）という期間だけで、6回も大きな値動きがあったという事実を忘れないでください。

　なお、最新の世界の動向分析については、第3節末尾のコラムでも取り上げます。

3）日経225の月間の変動幅は今も昔もそうは変わらない

　拙著『緩和バブルがヤバい』の中でも示唆しているように、今後も、日経225の乱高下は不可避と考えられます。

しかし、オプションの買い手にとっては、プレミアムを安く購入することができるという条件付きで、値動きの激しい状況は有利に働くと考えられます。激しく動くということは、それだけ狙っている権利行使価格に到達する可能性が高まるということでもあるからです。

なお、日経225の時価が高くなればなるほど、同じ変化率が生み出す日経平均株価の変化幅が大きくなっていることには留意が必要です。**プットやコールが満期時に最終的にどれだけ儲かるかには、日経225の変化率ではなくて、その変化幅が関係してくる**からです。

マンスリーオプションでも、Weeklyオプションでも、満期日に日経225のSQ値と権利行使価格の差として、オプションの本質的価値がどれだけ生まれるかが、究極的には問題になってくるのです（下図参照）。

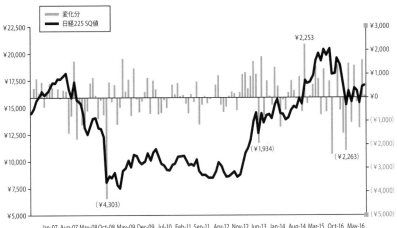

実は、アベクロノミクスの2012年～2016年のマンスリーSQ間のような日経225の動きは、必ずしも特別なものではありま

せん。1995年からの20年間という長期をとっても、同じような月間変動が見られます。2006年以降に限っても、ある月のSQ日から翌月のSQ日までの最大上昇率は22.0%でした。2009年4月のことです。このときは、リーマン・ショックに対する米国の大型景気対策とFRBの金融緩和政策が背景にありました。

変動幅にして最大なのは、2014年11月の2253円（変動率は14.7%）です。このときは、黒田日銀のハロイーン・バズーカが引き金となりました。もちろん、これらのケースでは、コールのプレミアムが飛び上がりました。

逆に、最大の下落率と下げ幅を記録したのは、2008年10月の35.0%（下げ幅4303円）です。いわゆる「リーマン・ショック」の影響でした。

なお、2006年7月SQ以降、ほぼ9年間におよぶSQ間の月間変動率の標準偏差（1シグマ）は7.2%、月間変動幅は928円と計算できます。この数字は、「あるSQから次のSQまでに、日経225が上下に900円以上上昇したり下落したりする確率は、それぞれ約16%、合わせて約32%も存在する」ということを意味しています。

4）日経225の日次変動率は1.6%

本書はWeeklyオプションを紹介するものですので、ここで、月間変動率を日次変動率に修正してみましょう。

月間変動率を日次変動率に修正するためには、月間の取引日を20日として、20の平方根で除すればよいことが知られています。つまり、7.2%の$\sqrt{20}$分の1ですから1.6%もあることが理解できます。これは、日経225の時価が1万6000円だと仮定すると1日の値幅（1シグマ）が256円（1万6000円×0.016 = 256）であることを示します。

今度は、日次変動率1.6%を用いて、週間変動率を求めます。1週間の営業日数は5日ですので、日次変動率に5の平方根を乗じてあげればよいのです。それは、1.6%×$\sqrt{5}$＝3.6%となります。日経225が1万6000円であることを前提とすれば、この3.6%は576円の株価変動に相当します。

これらの意味することは、1営業日に1.6%（あるいは日経225の1万6000円を前提として256円）以上、上下に振れる日経225の確率は32%あり、1週間に3.6%（あるいは日経225が1万6000円であることを前提として576円）以上、大きく変動する確率も32%あるということになります。

この「1日あたりどのくらいの値幅になりそうか」という概念は、イン・ザ・マネーになりそうな権利行使価格を選ぶときに重要になってきますので、頭の中に入れておいてください。

日経平均株価（日経225）の変動確率

◎±1標準偏差以内：約68%の確率
◎±2標準偏差以内：約95%の確率
◎±3標準偏差以内：約99%の確率

日次変動率、週間変動率、月間変動率、年間変動率の関係

◎日次変動率＝過去20日間の日次変化率（用語集参照）の標準偏差
◎週間変動率＝日次変動率×$\sqrt{5}$（1週間は5取引日）
◎月間変動率＝日次変動率×$\sqrt{20}$（1カ月20取引日を前提）
◎年間変動率＝日次変動率×$\sqrt{250}$（1年250日取引日を前提）

第2節
Weeklyオプションの SQ値から見るボラティリティ

　前節ではマンスリーのSQ値間での大きな変動を見てきました。本節では2015年5月から開始されたWeeklyオプションのSQ値間の動向を見ることにしましょう。まず、論より証拠です。以下の図を見てください。

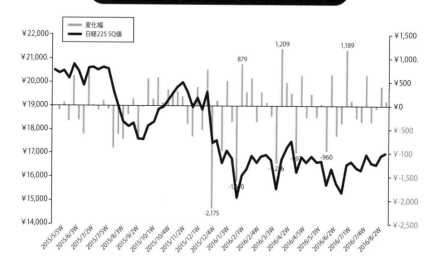

【第2節で覚えてほしい話】

> Weeklyオプション取引は、
> マンスリーオプション以上に
> 激しく動いている

↓

激しい値幅が見られるということは、
確率的に見て、権利行使価格に到達する、
要するに、イン・ザ・マネーになる可能性が高い

↓ ということは……

| オプションの買い手にとって有利な状況といえる |

Weeklyオプション市場は、実に刺激的な状態になっていることが一目瞭然です。特に次の点に注目してください。

　第一に、2015年8月～9月の週では毎週のSQ間に、約900円、600円、そして700円というように、大幅下落が3週間連続して発生しています。中国人民元の切り下げを契機とする中国株安が世界の株式市場を揺るがしたからです。

　第二に、2016年1月2週目には、一挙に－2175円の大暴落が発生しました（週間下落率－11.1％）。その後も2月中旬まで連続的な激震が走りました。例えば、1月4週目の－951円、2月2週目の－1160円（週間下落率－9.6％）といった具合です。中国発世界同時株安に、黒田日銀のマイナス金利政策の「3日天下」が拍車をかけた形となり下落しました。

日経平均株価の週足推移
（20014年10月最終週～2016年9月第3週）

第三に、4月2週目には再び−1716円の急落、翌週の4月3週目には今度は1209円の急反発となり、その後は「黒田逆ショック」、英国EU離脱、米雇用統計に一喜一憂するなど、2016年の後半もまさに乱高下相場の台風の目の中にあるかのようです。

　こうして、2015年5月誕生以降、本書執筆時点の2016年9月中旬まで1年間強のWeeklyオプションSQ値の週間変動率は、平均して−0.2％、その標準偏差は3.6％、最大値は7.8％、最小値は−11.1％になっています。
　同様にして、WeeklyオプションSQ値週間変動幅の平均は−56円、その標準偏差は約640円、最大値は約1209円、最小値は約−2175円です。
　なお、この週間変動率の標準偏差3.6％を、日次変動率の標準偏差に引き直すと、5営業日の平方根で除す（$1 \div \sqrt{5}$）ことにより1.7％となります。2005年以降、約10年間の平均的な日次変動率の標準偏差は1.6％ですので、それに比べて、わずかですがボラが膨らんでいることがわかります。
　このように、現在の市場は、「緩和バブルはヤバい」という状況にますます陥りつつある事実が、WeeklyオプションSQ値のボラの拡大でも確認できるのです。

　最後に話をまとめます。ここまでお話ししたように、Weeklyオプション取引では、マンスリーオプションと同様、いやそれ以上にボラティリティ（ボラ）が大きくなっています。
　ボラが大きいとは、「値が激しく動きやすい」ということでもあります。値動きが激しいということは、権利行使価格に到達する確率が高まることにもつながります。Weeklyオプションの買い手にとっては、とても有利な状況が生まれやすくなっているというわけです。

第3節
株式市場を大きく動かすもの
～経済データとオプション・先物市場～

　本節では、あらためて、何が、いつ、日経225やその派生商品であるWeeklyオプションを大きく動かしているのかについて見ることにしましょう。

1）日経225（株式市場）を動かす要素

　日本の株式市場の代表的な指数である日経225は、グローバル要因（世界景気、米政策金利、為替、地政学的リスク等）やマクロ要因（日本景気、日本の財政・金融政策等）、ノイズ要因（投資家心理）によって動きやすいと考えられます。

　したがって、これらの要因に大変動が起こったときには株式市場が大きく動くことになり、オプション・プレミアムもまた、揺れ動くことになります。

　このあたりのことも加味し、経済データと株式市場の関係を簡単に解説しておきましょう。なぜなら、グローバル要因とマクロ要因が日経225オプションと同先物価格に大きなインパクトを与えるためです。

　特に、イベント・ドリブン型のオプション戦略を採用する場合、経済データの予想は極めて重要です。したがって、各月のカレンダーで経済統計発表予定と満期までの時間を考えながら戦略を練り上げる必要があります。

【第3節で覚えてほしい話】

Weeklyオプションが大きく動くときを
事前に探る方法として、
経済データとの関係性を
把握しておくことは大事

↓ 具体的には

◎日米の金融政策決定会合
◎米雇用統計
◎GDPデータ
◎鉱工業活動指数
◎貿易統計
◎機械受注統計
◎要人発言　　など

Weeklyオプション戦略には魅力や威力が大きい反面、実は、先物よりも難しい側面もあります。というのは、オプションの買いで勝利するためには、相場の方向性や変動率を予想することに加え、そのタイミングも的確に予想できなければいけないからです。特に、SQ前後のカレンダーと相談しながら、オプション・プレミアムのタイム・ディケイ（時間減衰）に留意しつつ、ベストのオプション戦略を描く必要があります。

2）注目すべき日本の経済指標

　経済統計に対する株式市場の反応はランダムではなく、経済的な理由に左右されます。

　例えば、景気の強さは、株式に対して一般的にプラスですが、金利を押し上げるのであればマイナスとなりえます。

　また、インフレ悪化による金利上昇懸念は、株式にとってマイナスに働きます。

　さらには、デフレ・不況は株式にとっては最悪の厄介者になります。デフレ・不況下では企業利益の成長に期待ができないためです。

　そういったことも踏まえて、日本の経済指標に注目してください。

①鉱工業生産指数

　日本の月例データで最も注目されるのは、経済産業省が毎月末ごろに発表する鉱工業活動指数です。

　毎月の鉱工業生産、出荷、在庫、在庫率等の過去のデータはもちろん、翌月と翌々月の生産予想も重要です。特に鉱工業生産が注目されます。なぜなら、セクター別（例えば、電気・機械・自動車セクター等）や財別（耐久消費財、資本財など）等の詳細データが入手できるためです。

◆各種経済データの基本的な見方について

①鉱工業生産指数

　　上昇　→　リスクオン＝コール買い
　　下落　→　リスクオフ＝プット買い

②貿易統計

　　上昇　→　リスクオン＝コール買い
　　下落　→　リスクオフ＝プット買い

③コア民間機械受注

　　上昇　→　リスクオン＝コール買い
　　下落　→　リスクオフ＝プット買い

④4半期統計（日銀短観、GDP統計）

　　上昇　→　リスクオン＝コール買い
　　下落　→　リスクオフ＝プット買い

⑤米雇用統計

　　上昇　→　リスクオン＝コール買い
　　下落　→　リスクオフ＝プット買い

※上記は、あくまでも基本的な見方です。状況によっては変わることもあります。

鉱工業生産を参考にすれば、直近の企業利益をかなり正確に推定できることも重要な点です。出荷・在庫循環図等を使って総合判断すれば、今後の企業利益の予測が可能となります。

　筆者は、この鉱工業生産に為替レート、物価指数、雇用者数、原油価格等を加えて、企業利益を推定しています。

　しかし、一般読者にとっては、鉱工業生産指数の1％の上昇率（前年比）は、通常、その約3〜4倍の企業利益の伸び率（前年比）と整合的であることを理解しておけば充分でしょう。

　このように、企業利益をかなりうまく説明する鉱工業生産指数の将来の動きを予想することが、株式市場の将来を見通すうえでひとつの鍵になります。

　なお、ドル円レートが10％円安・ドル高に振れれば、企業利益は通常3％程度押し上げられます。逆に10％円高・ドル安になれば、約3％の減益となると予想できます。

②貿易統計

　2番目に重要な国内月例データは、財務省が発表する貿易統計です。特に、前月比の輸出の増減率が注目されます。これが、鉱工業生産指数の予測に有効だからです。

　また、米国向け輸出や中国向け輸出の変化にも注目したいところです。これらが、当面の日本経済と日本株の行方を左右しかねないためです。

③機械受注統計

　3番目に重要な国内データは、内閣府が月央に発表する機械受注統計です。特に、コア民間機械受注（電力・船舶を除く民間機械受注）は、設備投資の先行指数として重要です。

④その他の統計

その他では、4半期統計も重要です。4半期統計では、日本銀行が発表する景気判断（日銀短観）と、内閣府が発表するGDP統計が重要になります。外国人投資家はこれらの4半期重要統計に敏感に反応する傾向があります。

重要なことは、株式や日経225先物・オプション等のトレーダーの関心は変化しやすいということです。市場が最近、何を注目しているのか、それはインフレ指標なのか、それとも景気指数なのかなどを的確に推論する必要もあるでしょう。

なお、市場が何を注目しているのか等は、筆者のほうでも、以下のブログに紹介しておりますので、参考にしてください。

◎筆者のブログ
http://ameblo.jp/tomonakamaru/entry-12139330879.html

3）さらに注目すべき米国の経済指標

国内経済指標も大切ですが、現実的には、米国経済の指標のほうが、我が国の現在の市場ではより重要です。なぜなら、外国人投資家が東京株式市場の取引の約6割を占めているからです。先物・オプションに至っては取引の7割以上を外国人投資家が占めています。まさに、現在はグローバル化とデリバティブ化の時代になっているのです。

米国の経済規模（名目GDP）は2015年時点で2000兆円規模に達しており、世界最大となりました。さらに、米国金融市場は、株式市場を中心に世界の時価総額の4割強を占めていると見られます。つま

り、米国の金融資金力や流動性は世界で圧倒的な力を持っているのです。「米国がくしゃみをすれば、日本が風邪をひく」という喩えが、世界経済と国際金融市場では生きていると言わざるをえません。

①米国雇用統計

米国株式市場の最大の関心事のひとつは、毎月第1金曜日に米労働省から発表される米雇用統計です。特に、非農業部門雇用者数の変動は個人消費が中心である米経済の持続的成長を占う最重要指標として注目されます。

同統計は、米月例統計の中で最も早く公表され、速報性が高いにもかかわらず、その数値の変動が大きく、事前予想が難しいことで、エコノミスト泣かせの経済指標としても知られています。

例えば、金融危機からの回復期であった2011年1月から直近の2016年6月までの米非農業部門雇用者数は、前月比で平均約20.2万人の増加を記録しています。しかし、同前月比の最大値は＋34.6万人（2011年4月）、最小値は＋1.1万人（2016年5月）と、月ごとの標準的なバラつき（標準偏差）は7.8万人もありました。

事実、わずか1.1万人増に終わった2016年5月の統計では、その結果に大きく失望した米国と世界の株式市場は6月第1金曜日に発表された同米雇用統計を契機に大幅下落に転じました。その後、6月下旬に発生した大方の事前予想を覆したBREXIT（英国のEU離脱）決定直後の不安心理も相まって、6月に日経平均株価は月間で1700円弱も急落しました。

ところが、2016年6月の同米雇用統計では、前月比28.7万人の増加に転じたことで、同統計が公表された7月第1金曜日をきっかけに、その後、7月末まで米国株や世界株が急反発に転じました。日経平均株価は6月末の終値から7月末の終値まで、今度は1000円弱の大幅

反発に転じたのです。

このように基本的に米雇用統計のサプライズ次第で、米株のみならず世界の株が変動する傾向にあります。特に日本株は同統計に一喜一憂させられることがしばしばあります。

要するに、同統計が事前のコンセンサス予想を大きく上回ったり、あるいは下回ったりすることで、その後、市場がリスクオンやリスクオフの中期トレンドを形成しやすくなるのです。これが米雇用統計の特徴です。

②米国雇用統計以外の経済指標

米国雇用統計以外では、消費者物価指数（CPI）や企業物価指数（PPI）等のインフレ指標も重要です。その他、ISM製造業、同非製造業景況指数や小売売上高なども市場に大きな影響を与えます。

米国でも、4半期統計では、やはりGDPデータが最重要になるでしょう。

米企業の4半期決算データも米国株式市場にとっては影響力があります。かつて、ITバブル時代には、米半導体の雄インテルが日経225を大きく揺り動かすような現象も頻繁に発生しました。ちなみに、原稿執筆現在は、むしろ、アップルの影響力が大きいです。

③政策金利等の指標

米国の金融政策、すなわち6週間ごとに開催されるFOMC（米連邦公開市場委員会）の結果とイエレンFRB議長の記者会見、議会証言や講演なども極めて重要です。

一般に、金融政策の要となる政策金利の引き上げは、景気を抑制して、米債券投資への魅力を高めますので、米株式市場にとっては売り材料です。一方、米金利上昇はドル買い材料となりえます。

逆に、米政策金利の引き下げや据え置きは、米景気を拡大あるいは

持続させるので、米株式市場にとっては一般に買い材料になります。他方、米金利低下はドル売り材料となることが通常です。

　なお、欧州中央銀行（ECB）の理事会での金融政策決定やドラギ総裁の記者会見も重要ですが、FRBや日銀に比較すると注目度は必ずしも大きくはないといってよいでしょう。

　なお、日経225を動かす主要なイベントを、重要度も示して列挙すれば以下の表のようになります。

日経225を動かす主要なイベント

グローバル・マクロ要因：世界主要経済指標の重要度5段階評価

米ISM製造業景気指数	3
米ISM非製造業景気指数	3
米非農業部門雇用者増減数	5
米小売売上高	4
米CPI（コア、総合）	4
米住宅着工、新規・中古住宅販売	3
米耐久財受注	3
米GDP	4
米企業決算（インテル、アップル、銀行等）	3
米FOMC	5
日銀金融政策決定会合	5
欧州中央銀行理事会	3

コラム：原稿執筆段階での世界の動向分析

　FRBは、すでに2015年12月に9年振りの利上げを開始しました。世界経済をリードする米経済が、将来のインフレやバブルの懸念を回避して、インフレなき経済成長を持続するために、FRBが今後再利上げできるか、その時期とその後のペースを巡って、国際金融市場は当面揺れ動くことは間違いありません。

　しかし、この持続的な経済成長（＝米国のみならず世界の経済成長）の足かせとなりかねないのが、他ならぬドル高です。ドル高はデフレ懸念を高める一方、同国の純輸出と設備投資の鈍化をもたらしかねません。

　例えば、2014年10月末の黒田日銀によるハロイーン・バズーカと呼ばれた大規模な追加緩和を契機に、日本と欧州の中央銀行が通貨安競争を激化させてきたことは間違いありません。その動きは円安・ユーロ安と同時に、日欧の株高を生みました。しかし、それらはコインの裏側としてのドル高や人民元高につながり、2015年夏に、中国人民元切り下げと中国株急落の引き金を引いた事実は否めません（拙著『緩和バブルがヤバい』をご参照）。

　その後、冒頭でお話ししたように、FRBは2015年12月に9年振りの利上げを実施したのです。

　しかし、円安・株高を執拗に狙う黒田日銀は、（FRBの）

利上げ直後に、量的・質的緩和の補完策を実施し、加えて、2016年1月末にマイナス金利政策を導入しました。

しかし、補完策は政策発表当日に「不発弾」であることが判明。マイナス金利政策は円安・株高を意図したにもかかわらず、その実施直後の3日目には米長期金利の急低下を経て、かえって自縄自縛的に円高・株安を生む「3日天下」に終わってしまったのです。

こうして、2016年2月の上海G20では、通貨戦争とも揶揄される「通貨安競争を回避すること」を各国が合意するに至りました。その後、中期的な円高・日本株安トレンドが継続していることはご承知の通りです。同年4月29日に、米財務省が日本円を通貨管理リスト入りに認定したことも忘れてはなりません。

なお、2％インフレ目標が未達の黒田日銀は、2016年7月29日の決定会合で、ETF買い取り規模を年間6兆円に増額することで「金融緩和の強化策」を打ち出しました。しかし、それが金融政策現状維持により円高・株安が進展した「黒田逆ショック（2016年4月）」へのリベンジとなるかは短期的にも甚だ疑問です。

また、日銀による大量のETF買いは市場の価格発見機能を歪め、民間企業の経済ファンダメンタルズを反映した健全な株式市場の長期的な発展と効率性を阻害する恐れがあります。さらには、日銀が高値でより多くの株式を買うことで、将来、日銀が巨額損失に陥る懸念があります。

株式市場への政府・日銀の恣意的で大規模な直接介入を頼りに、日本企業に持続的な成長を期待して長期投資する賢明な投資家など、どこに存在するのでしょうか？　特に、米国の年金基金のような機関投資家は、市場経済にそぐわない政府・日銀の直接的な株式市場への介入に対する嫌悪感を強めかねません。

　さらに、黒田日銀は2016年7月29日の声明文の中で、「9月21日の金融政策決定会合で、これまでの『量的・質的金融緩和』『マイナス金利付き量的・質的金融緩和』のもとでの経済・物価動向や政策効果について総括的な検証を行うこととし、議長はその準備を執行部に指示した」と表しています。
　黒田日銀の緩和バブルが一段と膨らむか、あるいはそれが破裂するか、日本経済とその金融市場は極めて重大な分岐点に差し掛かっているといってよいでしょう。
　それでなくとも、2017年5月には日銀の資産規模が日本経済規模（GDP約500兆円）を超えてしまいます。そのとき、日銀は長期金利が1％上昇しただけで、20兆円もの債務超過に陥り破綻する懸念が大です［拙著『2017年　日銀破綻』（徳間書店）ご参照］。日銀破綻は金融セクター全体の危機に伝染しかねません。
　逆に言えば、本書のテーマである日経225のWeeklyオプションや日経225mini先物の大活躍できるチャンスが、今こそ巡ってきていると言えるでしょう。

第4節
インプライド・ボラティリティは市場不安心理のバロメーター

1）ボラティリティの定義

　市場の変動率、つまりボラティリティとは、日経平均株価（日経225）の日々の変動率を過去20日間の標準偏差で表し、それを年率に直したものと定義されます。つまり、1日の株価変動率の過去20日間の標準偏差に1年間の営業日数である250日の平方根を掛けたものです。

2）ヒストリカル・ボラティリティとは

　株式市場のボラティリティを予想するために、まずは、過去の株価変動実績を分析する手法があります。この過去の株価変動率をヒストリカル・ボラティリティ（以降、HV）と言います。
　HVの計算は簡単です。日経平均株価の日次変化率に関する過去20日間の標準偏差を求めて、それを年率に直せばよいのです。年率に直すとは、日次変動率に、年間取引日数である250日の平方根を乗じることです。エクセルならあっという間に計算できます。日本経済新聞も20日間のHVを毎日証券面に掲載しています。

　95ページの図は、このようにして計算された日経225のHVを

【第4節で覚えてほしい話】

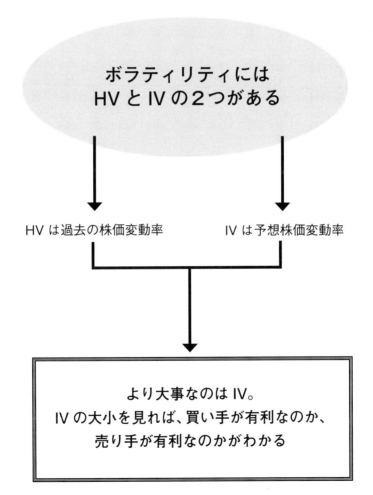

2005年以降に限って示したものです。日経225の変動率が大きくなっていたときは、欧米で不動産バブル等が崩壊した金融危機（通称リーマン・ショック）、東日本大震災、バーナンキ前FRB議長のQE 3買い取り規模縮小ショック（通称バーナンキ・ショック）、中国人民元切り下げショック、そして最新の黒田日銀のマイナス金利ショックなどです。つまり、グローバルなショック、日米の金融政策の変更、為替相場や国際金融市場の大変動などに伴い、大きなショックが発生しているときにHVが大きくなっていることがわかります。

ちなみに、2008年に記録した歴史上最高の115％という日経225のHVは、リーマン・ショック時のものです。

2011年3月ごろに記録した54％という高いHVは東日本大震災時のものです。2013年5月ごろに記録した50％の高いHVは、バーナンキ・ショックと呼ばれた「量的緩和縮小の癇癪（かんしゃく）」のときのものです。

2015年夏に記録した45％という比較的高いHVは、我々の記憶に新しい、中国人民元切り下げショックと中国版ブラック・マンデーと呼ばれた世界同時株安時のものです。

また、2016年6月に発生した英国のEU離脱時のHV（39％）よりも、同年1月の日銀マイナス金利政策導入後のHV（50％）のほうが高いことも興味深い事実です。

3）インプライド・ボラティリティとは

過去の株価のボラティリティからオプション理論価格を計算すると、実際のマーケットにおけるプレミアムとやや異なることがあります。これは、現実のプレミアムが効率的なオプション市場における適正価格となっていない場合か、あるいは、投資家の期待ボラティリティが過去の平均的なボラティリティと異なっている場合かのいずれかで

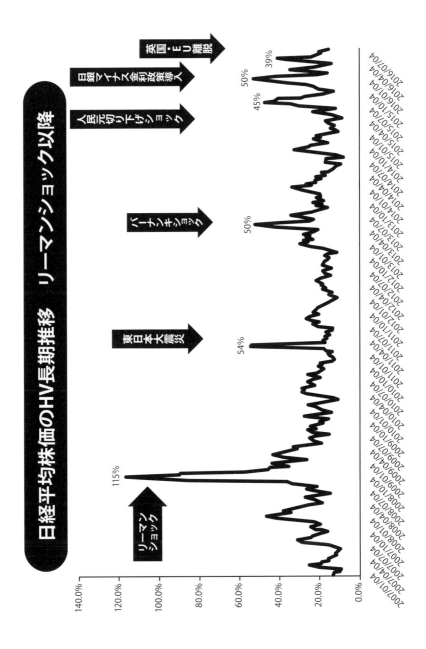

しょう。

　しかし、現代のオプション市場では効率性が増していますから、後者の場合が多いと判断して、まず間違いありません。

　そうであれば、反対に、現実のオプション価格をブラック・ショールズの公式（第4章の第4節参照）に入力することで、市場に内在すると思われる予想ボラティリティを求めることができます。

　こうしてオプション市場のプレミアムから逆算された予想株価変動率が「IV（インプライド・ボラティリティ）」と呼ばれるものです。なお、IVは楽天証券などのオプション取引ソフトウェアなどで簡単に計算してはじき出してくれます。読者自らが計算しなくても数値はわかります（第6章参照）。

　このIVは極めて重要です。というのは、IVが小さくなれば、オプションの売り手が予想を上回る高い収益率を上げることになり、逆に、IVが大きくなる傾向にあればオプションの買い手の勝利につながりやすいためです。

　例えば、第5章でお話ししますが、IVが20％ならオプションの買い、IVが50％なら売り（IVが100％なら大儲け）が基本原則です。

　いずれにせよ、IVが突然跳ね上がるような場合には、株式市場全体を揺るがしかねない大事件が起こる予兆と考えることもできます。市場に内在する予想ボラティリティが示唆するIVは、市場における不安度を示す重要なシグナルのひとつと理解することができるのです。

　実際、短期的に見て、株式市場の水準とIVの間には強い負の相関関係が認められます。株式市場が下落するとき、IVは跳ね上がります。なぜなら、投資家は下振れリスクから身を守るために、プットに対し

高い値段をつけるからです。

　逆に、株式市場が上昇しているときにはIVは低下します。投資家が、ポートフォリオの損失リスクに対し保険をかけなくなるためです。

　しかし、現実にはどうかというと、株式市場の水準とIVとの間の因果関係は、むしろ逆転していると言えそうです。高いIVに反映された投資家の不安心理が、むしろ株価を下落させている可能性もあります。投資家の不安心理が高まると、投資家が要求する株式リスク・プレミアムが増大し、リスクオフの動きにつながります。これが、株価の下落を誘発するのです。

　このようなことを背景に、IVはしばしば、市場で「恐怖指数」と呼ばれます。シカゴではVIX指数として上場され、IVそのものが取引されています。

第5節
日経225の時価で変わる変動幅

　74ページで、日経225の日次のボラティリティは1.6％（過去20年間の統計）という話をしました。

　これは、日経225の時価が1万6000円だと仮定すると、1日の値幅（1シグマ）が256円（1万6000円×0.016＝256円）であることを示します。同様に、日経225の時価が2万円だと仮定すると、1日の値幅（1シグマ）が320円（2万円×0.016＝320円）であることを示します。

　このように、日経225の時価によって変動幅は違ってきます。参考までに、それを表したのが次ページの表です。

　「日経225の時価によって変動幅が違ってくること」を押さえておくと、実際に仕掛けるとき（＝権利行使価格を選ぶとき）に役立ちます。

　Weeklyオプションの買いでは「安く買うこと」が求められますが、だからといって、安ければ何でもよいというわけにはいかないからです。

　例えば、日経225の時価が1万6000円だとします。このとき、1日で動く値幅は、統計上は256円ですから、満期日の1日前（木曜日）に仕掛けるならば、そのあたりの権利行使価格を選ぶとイン・ザ・マネーになりやすくなります。

　具体的には、値下がりに賭けるならば1万5750円のプットを買う

選ぶ権利行使価格は日経平均株価の水準次第（例）

時価	木曜日	月〜水曜日
30,000 円	**500 円** （480 円）	**1000 円** （1,080 円）
25,000 円	**375 円** （400 円）	**1000 円** （900 円）
20,000 円	**250 円** （320 円）	**750 円** （720 円）
17,000 円	**250 円** （272 円）	**625 円** （612 円）
16,000 円	**250 円** （256 円）	**500 円** （576 円）
15,000 円	**250 円** （240 円）	**500 円** （540 円）
10,000 円	**125 円** （160 円）	**375 円** （360 円）

◎木曜日（満期日直前）の値幅の計算式：日経 225 の時価× 0.016
　月〜水曜日の値幅の計算式：日経 225 の時価× 0.036
◎木曜日と「月〜水曜日」の括弧内の数字は計算式から導き出した値幅。太字は目安となる権利行使価格。仮に、時価 1 万 6000 円の木曜日に仕掛けるのであれば、1 万 6250 円のコール買いか、1 万 5750 円のプット買いになる

か、プレミアム次第で1万5875円のプット、もしくは値下がりに自信があるなら1万5500円のプットなどが候補になります。

逆に、値上がりに賭けるなら1万6250円のコールか、プレミアム次第で1万6125円のコール、もしくは値上がりに自信があるなら1万6500円のコールなどが候補になります。

大きなサプライズを生みそうなイベント次第になりますが、「プレミアムが安い」という理由だけで、1万5000円のプットや1万7000円のコールを買うことは賢明とは言えません。

どんなに安く買えたとしても、満期日にイン・ザ・マネーにならなければ、買ったプレミアム代金はすべて損失になってしまいます。

確率的にイン・ザ・マネーになりやすい権利行使価格を選ぶ意味で、「日経225の時価の水準によって1日の変動幅が変わること」について理解しておいてください。

第4章

安く買って高く売るために知っておくべき、オプション・プレミアムの決まり方

第1節
満期日前の Weekly オプションの プレミアムは需給で決まる

　第2章でもお話ししたように、Weekly オプションのプットやコールを買った後、金曜日寄り付きの満期まで必ずしも保有し続ける必要はありません。金曜日の満期日以前の取引で、自由にそのときどきのオプション・プレミアム（以下、プレミアム）で売却することができます。

　なぜなら、毎日、Weekly オプションは日本取引所内で活発に取引されているからです。

　例えば、プットとコールの買い手は、それらのプレミアムの買値よりもそのプレミアムの時価が上回ったときには、満期日を待たずに市場で買い建玉を転売することで、その差額分の利益を確定させることができます（取引手数料は除く）。

　逆に、プレミアムの時価がその買値を下回ったときには、満期日前に市場でオプション（プットやコール）の買い建玉を転売して、その時点での損失を確定させることもできます。

　満期日前に決済できるのは、プットとコールの売り手も同じです。売り手は満期日前にいつでも売り建玉を市場価格で買い戻すことができます。

　例えば、プレミアムの売値よりも時価が下回ったときには、そのオプションの売り建玉を時価で買い戻すことで、プレミアムの差額分の

利益を満期日前に確定させることができます。

　反対に、売り手にとって、プットやコールのプレミアムが予想に反して上昇すれば、大きな損になる恐れがあります。この場合には、損が膨らむ前に、満期日を待たずにオプションの売り建玉を時価で買い戻すことで損を限定させることができます。

　このように、Weeklyオプション市場での買い手と売り手の間で、プットやコール、それぞれのプレミアムが日々決定されているわけです。

　我々がプットやコールを満期前に買うことができたということは、裏を返せば、それらを満期前にオプション市場で売った人がいたということでもあります。

　買いの反対側には常に売りがあります。売りのコインの裏は買いなのです。売買は常に売りと買いで需給が均衡しています。

　まさに、経済学において最も重要な需要と供給の法則が、Weeklyオプション市場の世界でも、マンスリーオプション市場同様に生きているのです。

　あるWeeklyオプションのプレミアムを所与として、オプションの需要（買い）が供給（売り）を上回れば、この超過需要圧力によってプレミアムが上昇します。

　反対に、売りが買いを上回れば、この超過供給圧力によってプレミアムが下落するというわけです。

第2節
本質的価値以外のプレミアムは時間価値しかない

1）プレミアムを決定するもの

　前節の話から、満期日前のプレミアムは、Weekly オプション市場の需要と供給で決まることについては理解できたかと思います。

　同市場の需要と供給曲線の交点として決まる Weekly オプションの需給均衡価格、つまりプレミアムの決定要因となるのが、第1章で簡潔に紹介した「本質的価値」と「時間価値」です。

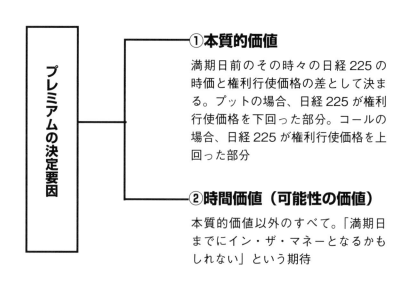

本質的価値は、満期日前のその時々の日経225の時価と権利行使価格の差として決まる実際の価値を指します。要するに、イン・ザ・マネーの状態のことです。

　時間価値は、プレミアムのうち、本質的価値以外のすべてです。「満期日までにイン・ザ・マネーになるかもしれない可能性」という期待に対する価値を指します。満期日までに残された時間が長ければ長いほど、権利行使価格に到達する期待も大きくなりますから、その分、時間価値も大きくなります。

　なお、市場で頻繁に取引されているWeeklyオプションは、本質的価値を持たずに時間価値だけを持ち、さらに、金曜日の寄り付きまでに本質的価値が生まれそうなもの（日経225の時価を下回る権利行使価格のプットや、日経225の時価を上回る権利行使価格のコール）がほとんどです。

ITMとOTMとATM

◎ ITM［イン・ザ・マネー（in the money）］とは、プットとコールから成るオプションが、現在、権利行使されると、本質的価値が生まれ利益が出る状態。プットの場合、日経225が権利行使価格を下回った状態。コールの場合、日経225が権利行使価格を上回った状態

◎ OTM［アウト・オブ・ザ・マネー（out of the money）］とは、オプションが今権利行使されると、本質的価値がない状態。プットの場合、日経225が権利行使価格を上回っている状態。コールの場合、日経225が権利行使価格を下回っている状態

◎ ATM［アット・ザ・マネー（at the money）］とは、日経225がプットやコールの権利行使価格に等しい状態

2）時間価値についての詳細解説

　時間価値は、満期日までの期間や金利、IV（予想変動率）等から決定されます。中でも、時間価値の決定要因として特に重要なものが、原資産である日経225のIVです。

　日経225のIVが大きくなれば、プットやコールのプレミアムが跳ね上がります。なぜなら、市場の変動が激しいと予想される状況は、「満期日までに本質的価値が生まれる（イン・ザ・マネーとなる）可能性が高い」と、オプション・トレーダーたちに高く評価されるからです。

　反対に、市場が退屈なときには、オプション価格は安くなる傾向があります。つまり、「満期日までに本質的価値を生み出す（イン・ザ・マネーになる）までの動きはないだろう」と、オプション・トレーダーたちに受け取られるからです。

　ここまでの話をまとめると以下のようになります。

オプション・プレミアムについて

◎オプション・プレミアムは、**本質的価値**（コールの場合、日経225が権利行使価格を上回る部分、プットの場合、日経225が権利行使価格を下回る部分）と、時間価値の2つの価値から構成されます

◎市場で決定されるオプション・プレミアムから**本質的価値を除いたものすべてが時間価値**です

◎時間価値は、満期までの期間、予想変動率、金利などによって決定されます。時間価値は、可能性の価値、あるいはボラティリティ価値と呼ぶべきもの

プレミアムは、オプションの買いを実践するうえで欠かせない知識です。以下の「プレミアムの決定要因」を含め、次節以降で、しっかり理解しておくことが望ましいです。

〜重要：プレミアムの決定要因〜

◎ Weeklyオプションの原資産である日経225が下落すれば、プット・プレミアムは上昇し、コール・プレミアムは下落する。逆に、日経225が上昇すれば、プット・プレミアムは下落し、コール・プレミアムは上昇する

◎満期までの時間が短くなればなるほど、コール、プットともにプレミアムが下落

◎予想変動率が大きくなればなるほど、コール、プットともにプレミアムが上昇

◎金利の上昇は、コール・プレミアムの上昇、プット・プレミアムの下落。ただし、日本は現在ほぼゼロ金利なので、金利の影響は無視できる

第3節
プレミアムの計算方法 その1
～2項分布～

　第3節では、オプションのプレミアムを導き出す式のひとつである2項分布（2項定理）についてお話しします（「2項分布とは何か」については割愛します）。難しそうに見えるかもしれませんが、考え方はいたってシンプルです。

1）「アウト・オブ・ザ・マネー」にも価値がある

　オプション・プレミアムは、本質的価値と時間価値から構成されることは本書で指摘した通りです。
　プットの本質的価値とは、プットが権利行使価格で原資産の日経225を売る権利であることから、「権利行使価格－日経平均株価」の数値、あるいはゼロのいずれか大きいほうです。
　一方、コールの本質的価値とは、コールは権利行使価格で原資産の日経225を買う権利ですので、「日経平均株価－権利行使価格」の数値、あるいはゼロのいずれか大きいほうということでした。
　しかし、「本質的価値が生まれていないオプションには値打ちがない」というわけでは、もちろん、ありません。
　満期までに原資産の日経225が変動し、本質的価値が生まれる可能性が残されているためです。オプション・プレミアムのうち、本質的価値で説明されない残りすべてを時間価値と呼びます。

本当は、ファイナンス理論でよく使用される割引現在価値と誤解されないために、時間価値というよりも、可能性の価値、あるいはボラティリティ（変動）価値と呼ぶべきものだと筆者は考えています。

　例えば、日経平均株価の時価が今、1万6000円のときに、1万5500円で売れる権利（プット）はいくらでしょうか。この場合、本質的価値が生まれていませんから、アウト・オブ・ザ・マネーの状態です。したがって、プット・プレミアムはすべて時間価値から成っています。この時間価値は、実は、主に満期までの残存日数と変動率から説明されます。
　つまり、満期までの時間が長いほど、本質的価値が生まれる確率が高くなります。したがって、オプション・プレミアムは高くなります。既述のように、長期の生命保険や損害保険に加入するほうが、短期の保険に入るよりも保険料金が高いのと同じです。
　また、日経225の変動率が大きいほど、本質的価値が生まれやすくなるため、オプション・プレミアムは高くなります。逆に、変動率が小さければ小さいほど、本質的価値が生まれにくくなります。このため、オプション・プレミアムは低下します。

2）2項分布でプレミアムを考える

　日経225が1万6000円であるときに、時価よりも500円低い権利行使価格1万5500円のWeeklyプットの月曜日におけるプレミアムを計算してみましょう。
　後述するブラック・ショールズの公式によって、より厳密にプレミアムの計算は可能ですが、日経225の上げ下げという単純な前提と、月曜日から金曜日の満期までの原資産（日経225）とプットのプレミアム計算方法の本質を理解するためには、実は2項分布（定理）とい

う裏か表のコイントスのほうが簡単なのです。

まずは、現在時点を月曜日として、木曜日までに日経225が毎日250円ずつ上げ下げする過程が何を意味し、何をもたらすかを考えてみましょう。なお、毎日250円の日経225の上げ下げは、出発点である月曜日の1万6000円から、毎日約1.6％上昇したり、下落したりすることを意味します。

月曜日から毎日250円ずつ上げ下げする日経225のプロセスを、火曜日、水曜日、木曜日、そして満期の金曜日と順々に示したものがツリー1です（次ページ参照）。日経225は火曜日には、1万6250円か1万5750円の2通りのいずれかの水準に推移します。水曜日には1万6500円か、1万6000円か、1万5500円の3通りの水準のいずれかに移動します。木曜日には1万6750円、1万6250円、1万5750円、1万5250円の4通りの水準のいずれかに推移していき、最後のSQ日には1万7000円、1万6500円、1万6000円、1万5500円、1万5000円の5通りの水準のいずれかに落ち着くことになります。

では、このとき、権利行使価格1万5500円のプットの本質的価値は、曜日ごとにどのように推移していくでしょうか。

1万5500円の権利行使価格のプットが本質的価値を生むのは、日経225の水準が1万5500円を下回ることが条件ですので、日経225が木曜日に1万5250円まで低下したときに初めて250円の本質的価値を生みます。そして、SQ日の金曜日に日経225が1万5000円の水準まで下落すれば、そこで500円の本質的価値が生まれます（次ページのツリー2参照）。

しかし、次ページのツリー3を見ると、日経225が各曜日に250円刻みのそれぞれの水準に到達する確率が異なることがわかります。

例えば、火曜日の2つの水準の確率はそれぞれ50％、50％ですが、

日経225＝16,000円時の権利行使価格15,500円 Weekly プットの月曜日におけるプレミアム計算

（変動幅 **250円**の2項分布に基づく）

日経225の週間経路				ツリー1	日経225プット（権利行使価格15,500円）の本質的価値				ツリー2
変動幅 = 250円					権利行使価格 = 15,500円				
月曜日	火曜日	水曜日	木曜日	金曜日(SQ日)	月曜日	火曜日	水曜日	木曜日	金曜日
				17,000					0
			16,750					0	
		16,500		16,500			0		0
	16,250		16,250			0		0	
16,000		16,000		16,000	0		0		0
	15,750		15,750			0		0	
		15,500		15,500			0		0
			15,250					250	
				15,000					500

日経225の2項分布の確率				ツリー3	日経225プット（権利行使価格15,500円）のプレミアム理論値				ツリー4
月曜日	火曜日	水曜日	木曜日	金曜日(SQ日)	月曜日	火曜日	水曜日	木曜日	金曜日
				6.25%					0
			12.5%					0	
		25%		25.0%			0		0
	50%		37.5%			0		0	
100%		50%		37.5%	0		0		0
	50%		37.5%			0		0	
		25%		25.0%			0		0
			12.5%					31.25	
				6.25%					31.25

水曜日の3つの水準の確率は上から25％（1万6500円）、50％（1万6000円）、25％（1万5500円）となります。

同様に、木曜日には日経225のとりうる水準は4通りとなり、上から、12.5％（1万6750円）、37.5％（1万6250円）、37.5％（1万5750円）、12.5％（1万5250円）となります。最後日の金曜日に日経225がとりうる水準は5通りとなり、上から6.25％（1万7000円）、25.0％（1万6500円）、37.5％（1万6000円）、25.0％（1万5500円）、6.25％（1万5000円）となります。

ツリー4（前ページ参照）は、月曜日時点の権利行使価格1万5500円のプットのプレミアムが、ツリー2の本質的価値に、ツリー3の確率を乗じた結果として、31.25円になることを示しています。

なお、このような250円ずつの上げ下げがもたらす金曜日時点のそれぞれの日経225の水準の確率は、釣り鐘状の正規分布とほとんど変わらないことに注目してください。

実際、同じ条件の下で、ブラック・ショールズ公式で求めた月曜日時点でのプット・プレミアムは20円です。ツリー4の31.25円とほとんど変わらないことがわかります。

次に、同じように日経225が1万6000円であり、同様に時価よりも500円低い権利行使価格1万5500円のWeeklyプットについて、日経225の上下幅が250円ではなくその倍の500円まで拡大した場合の、月曜日時点でのプレミアム計算をしてみましょう（次ページ参照）。

なお、毎日500円ずつの日経225の上げ下げの幅は、出発点の月曜日である1万6000円から、毎日約3.1％上昇したり、下落したりすることを意味します。

変動幅が500円となっても、ツリー3の確率分布は変わりありません。ただし、ツリー1にある株価水準の最高値が1万8000円、最低

日経225＝16,000円時の権利行使価格15,500円 Weekly プットの月曜日におけるプレミアム計算　　（変動幅 **500円** の2項分布に基づく）

日経225の週間経路　ツリー1
変動幅 ＝ 500円

月曜日	火曜日	水曜日	木曜日	金曜日(SQ日)
				18,000
			17,500	
		17,000		17,000
	16,500		16,500	
16,000		16,000		16,000
	15,500		15,500	
		15,000		15,000
			14,500	
				14,000

日経225プット（権利行使価格15,500円）の本質的価値　ツリー2
権利行使価格 ＝ 15,500円

月曜日	火曜日	水曜日	木曜日	金曜日
				0
			0	
		0		0
	0		0	
0		0		0
	0		0	
		500		500
			1,000	
				1,500

日経225の2項分布の確率　ツリー3

月曜日	火曜日	水曜日	木曜日	金曜日(SQ日)
				6.25%
			12.5%	
		25%		25.0%
	50%		37.5%	
100%		50%		37.5%
	50%		37.5%	
		25%		25.0%
			12.5%	
				6.25%

日経225プット（権利行使価格15,500円）のプレミアム理論値　ツリー4

月曜日	火曜日	水曜日	木曜日	金曜日
				0
			0	
		0		0
	0		0	
0		0		0
	0		0	
		125		0
			125	
				93.75

値が1万4000円へと拡大するので、プットの本質的価値を示すツリー2も大きく変化します。このため、ツリー2の本質的価値とツリー3の確率を乗じたプット・プレミアムが125円まで拡大します。

日経225のボラが当初の1日上下250円から、その2倍の同500円に増大すれば、2項分布にもとづくプットのプレミアムは当初の31.25円から4倍の125円にまで急拡大することがわかります。

いずれにしても、2項分布という単純な日経225の動きによって、ボラの大きさ（日経225の毎日の上下動の値幅）がプットのプレミアムを決定することが理解できます。

さらには、2項分布に基づく日経225の上げ下げの過程を実際に見ることで、次節で紹介する厳密なオプション・プレミアムに関するブラック・ショールズ公式の理解がより深まることも期待しています（なお、ブラック・ショールズ公式で計算すれば、同じプット価格は、変動幅が500円の2項分布に基づく125円ではなく、197円として求められます）。

第4節
プレミアムの計算方法　その2
〜ブラック・ショールズの公式〜

　第4節では、オプション取引をするうえで、一度は目にする「ブラック・ショールズの公式」についてお話しします。数式自体は難解ですので、理解できなくても構いませんが、概要は押さえてほしいと思います。

1）博士の愛した数式

　「博士の愛した数式」とは、小川洋子による小説で、2003年に第55回読売文学賞、2004年に第1回本屋大賞を受賞しました。
　交通事故による脳の損傷で記憶が80分しか持続しなくなってしまった元数学者「博士」。その博士の新しい家政婦である「私」と、その息子「ルート」との心のふれあいを、美しい数式とともに描いた作品です。文庫化されると、史上最速の2カ月で100万部を突破。映画をご覧になった読者も少なくないかもしれません。

　家政婦紹介組合から「私」が派遣された先は、80分しか記憶が持たない元数学者「博士」の家でした。こよなく数学を愛し、他にまったく興味を示さない博士に、「私」は少なからず困惑します。
　博士は、人付き合いが苦手で、何を話して良いかわからなくなったとき、言葉のかわりに数字を持ち出すのが癖です。特技は、文章や単

語を逆さまから読むことと、一番星を見つけることです。

　ある日、「私」に10歳の息子がいることを知った博士は、幼い子供が独りぼっちで母親の帰りを待っていることに居たたまれなくなり、次の日からは息子を連れてくるようにと言います。次の日連れてきた「私」の息子の頭を撫でながら、博士は彼を「ルート」と名付け、その日から3人の日々は温かさに満ちたものに変わってゆく……。

　そして、大人になったルートは中学校の数学の教師になる、などというストーリーです。

2）オプション・トレーダーが愛する公式

　さて、プット（売る権利）やコール（買う権利）から成るオプション（選択権）の価格はどのようにして決まるのでしょうか。実はこのオプション価格の決定こそオプション・トレーダーたちが愛して止まない数式、公式といえるでしょう。

　かつては、米国でもオプションの理論価格がよくわからない時期がありました。このため、オプション・プレミアム（価格）が市場の思惑だけで決定されていたといいます。

　しかし、1970年代中ごろからオプション価格についてのひとつの計算方法が発見され、それが今ではすっかり世界の市場で受け入れられています。それがブラック・ショールズの公式なのです。

　突然ですが、次ページの数式を、どう思われますか？　美しいとは思いませんか（理解できなくても構いません）。

　この公式が最高に美しいかどうかはともかく、少なくとも、最高に高価で貴重な数式といえるでしょう。プットやコールからなるオプション取引の現場で、ほぼすべての投資家から使われて愛されているのですから。

$$C = Se^{-\delta T} \cdot N(d1) - Xe^{-rT} N(d2)$$

ただし、$d1 = [\ln(S/X) + (r + \sigma^2/2)T] / \sigma\sqrt{T}$
$d2 = [\ln(S/X) + (r - \sigma^2/2)T] / \sigma\sqrt{T} = d1 - \sigma\sqrt{T}$

ここで、**C：コール・オプション・プレミアム。S：株価**
X：権利行使価格（例えば、16,000円等）
T：満期までの期間（単位：年）
r：無リスク金利
δ：配当利回り（年間配当）。
σ：予想変動率［ボラティリティー（年率）］
e：自然対数の底。

およそ 2.71828。エクセルのスプレッド・シートでは
EXP(x)として表現される

ln：自然対数
エクセルでは、LN(x)として表現される。

N(d)：標準正規分布の累積密度関数である。
標準正規分布からのランダムな抽出がd未満となる確率を表す。そして、それは標準正規分布を示すベル型の曲線上でdまでの面積に等しい。下図では陰の部分の面積がそれに当たる。エクセルでは、NORMSDIST(x)として表現される

なお、Xe^{-rT}は、権利行使価格Xの割引現在価値を意味する。
また、$Se^{-\delta T}$は、配当を除いた株価を意味する。

一方、プット・オプション（P）についての公式は、次の通り。

$$P = Xe^{-rT} N(-d2) - SN(-d1)$$

実は、この公式は熱伝導方程式の応用です。確率微分方程式がその基本にあります。シカゴ大学のショールズ教授は、このブラック・ショールズの公式などへの貢献を理由に1997年にノーベル経済学賞を受賞しました。

　MITのブラック教授も存命だったら、同時に受賞していたことは間違いないと言われています。代わりに、別の角度から、ほぼ同時にオプションの公式を発見したハーバード大学のマートン教授がショールズ氏と同時にノーベル経済学賞を受賞しました。

　今では、このブラック・ショールズの公式を厳密に理解できなくとも、使えないオプション・トレーダーは日本でも皆無といっていいでしょう。それぐらい人気のあるモデルであり、実際にもオプション価格をかなりうまく説明してくれるのです。

3）デリバティブと日本との関係

　ところで、先物取引に関しては、1700年代の大阪・堂島における米取引が、世界で初めてのものであったことは有名です。

　実は、オプションに関するブラック・ショールズの公式を発見しノーベル経済学賞を受賞したショールズ教授とマートン教授は、確率微分方程式に関する「伊藤の補題（Ito's Lemma）」がなければ、今でもまだ途方に暮れていたかもしれないといわれています。

　この伊藤とは、京都大学名誉教授の数学者伊藤清氏のことです。

　このように、日本人の（投資家としての）資質は、本来はかなりの水準であるのかもしれません。金融部門で最先端と言われている先物やオプションを中心とするデリバティブの世界で、これだけ革新的であった歴史を持っているのですから。

　オプション・プレミアムに関するブラック・ショールズの公式は、

一見、難解そうに見えます。しかし、その見てくれに圧倒されてはいけません。

ブラック・ショールズの公式とは、文字通り「ショールズ」に包まれたブラック・ボックスのようなものであり、株価、権利行使価格、時間、金利、配当、予想変動率といったインプット変数を入力すれば、直ちにアウトプットのオプション・プレミアムが出てくるおもちゃのモデルと考えてしまえばよいのです。

また、実際に、我が国でもネット証券会社の数社がこのモデルを顧客に無料で提供してますので、ゲーム感覚でブラック・ショールズのモデルを使って楽しむことができます。

ただし、107ページに示した「プレミアムの基本的決定要因」を頭に叩き込んでおくことは重要です。

4）「博士の愛した数式」と「ブラック・ショールズの公式」の関係

最初に紹介した「博士の愛した数式」で登場したルート君を覚えていますか？

そうです、博士が可愛がって、ルートと名付けたあの男の子のことです。博士を慕って、その後、中学の数学教師になりました。美しい物語です。

このルートとは平方根のことです。$\sqrt{\ }$です。覚えていますよね。中学か高校で習った$\sqrt{\ }$です。このルート君、ブラック・ショールズの公式の中にもあります。もう一度、あの公式を眺めてみてください。

実は、ルートは、時間に関する平方根なのです。つまり、変動率（標準偏差）というのは、時間に関してそのルートをとることなのです。これを変動率に関する時間の平方根ルールと言います。具体的な例でみると、わかりやすいと思います。

例えば、2003年から2013年の間の、日経平均に関する日次変動率の標準偏差は1.6％、これを週間に直すとその√5日分の3.5％になります。月間に直すとその√20日分の7.2％、そして、年間に直すとその√250日分の25.3％になる、という次第です。

　では、アベクロノミクスの下では、この変動率はどうなっているのでしょうか？
　実は、2012年11月16日の衆院解散・総選挙以降、日経平均に関する日次変動率の標準偏差は1.7％や1.8％などへと高まっているのです。
　日次変動率が1.8％の場合、週間変動率はその√5の4.0％、月間変動率はその√20の8.0％、そして年間変動率は√250の28.5％となっています。
　つまり、最近の東京市場の「揺れ」や「乱高下」は、以上の数字からもはっきりと裏打ちされています。東京市場のカジノ化現象のひとつの証左といえるのです。

　では、今後1週間の相場は、どの程度乱高下するでしょうか？
　そのひとつの見方は、このアベクロノミクスの異次元緩和下の変動率を利用することでしょう。繰り返すと、この期間の週間変動率の標準偏差は4.0％です。正規分布を前提とすれば、前週末の株価の上下±4.0％の間に68％の確率で分布するだろうと予測できます。
　例えば、前週末の日経平均株価を1万6000円であるとすれば、今週の下値の目処である1万5360円から上値の目処である1万6640円までの範囲内を68％の確率で推移するだろうと予想することができます。
　また、さらに大きなショック、例えば標準偏差の2倍の8.0％のショックが東京市場を襲ったとすれば、日経平均株価は前週末の1万

6000円を前提として、今週の下値の目処である1万4720円から上値の目処である1万7280円までの範囲を95％の確率で推移するだろうと予想することができます。

　要するに、日経225が1万6000円のような比較的高値圏にある現在、上下に1000円前後も大きく動く乱高下相場は、大きなニュース次第で比較的高い確率で起こりうるのです。

　いずれにしても、『博士の愛した数式』のルート君を思い出したので、変動率に関する時間の平方根ルールをご紹介しようと思い立った次第です。

ブラック・ショールズの公式はエクセルで計算できる

　ブラック・ショールズの公式に基づくオプション・プレミアムは、読者自らがエクセルで簡単に計算できます。

　筆者は実際のオプション取引でも、簡単でわかりやすいため、エクセル・シートでブラック・ショールズをその都度計算しています。その雛形は次ページの通りです。お役に立てば幸いです。

次ページに、エクセル計算用の公式を紹介しています

ブラック・ショールズ公式による オプション・プレミアムのエクセル計算方式

	A	B	C	D	E	F
1	インプット				アウトプット	コメント（Eの列に挿入される公式）
2	標準偏差（年率）	0.20		d1	1.261	(LN(B5/B6)＋(B4-B7＋0.5×B2^2)×B3)/(B2×SQRT(B3))
3	満期までの残存期間（年）	0.02		d2	1.236	E2-B2×SQRT(B3)
4	無リスク金利（年利）	0.00		N(d1)	0.896	NORMSDIST(E2)
5	株価	¥16,000		N(d2)	0.892	NORMSDIST(E3)
6	権利行使価格	¥15,500		コール価格	¥518	B5×EXP(-B7×B3)×E4-B6×EXP(-B4×B3)×E5
7	配当利回り（年率）	0.01		プット価格	¥20	B6×EXP(-B4×B3)×(1-E5)-B5×EXP(-B7×B3)×(1-E4)

第5章

数千円から始めるWeeklyオプション買いの基本投資戦略

第1節
基本戦略：IV が 20%のときに買う

1）IV が 20%のときに買うことが基本戦略

　Weekly オプションで利益を得るには「安く買うことが大事だ」と、ここまで何度も"くどい"くらいにお話ししてきました。なぜなら、短期決戦の Weekly オプションの買いでは、プットやコールを安く買えないと、時間価値減衰の影響を受けて、不利な立場に立たされてしまうからです。

　ところで、「安い」とは何をもって「安い」というのでしょうか？ 筆者は通常の Weekly オプション取引では、IV が 20％台かどうかをひとつの目安にしています。

　具体的には、**IV が 20%台のときにイン・ザ・マネーとなりそうなオプションを買い、可能性の価値が高まることでそれが 50％を超えた（100％以上になればなお良いのですが……）ときには、そのオプションを満期まで待たずに売却する**ことをお勧めしています。このやり方が、イベント・ドリブンのオプション買いの極意のひとつといってよいと、私は考えています。

　逆に、市場の不安心理が高まってしまっていて IV が 50％をすでに超えていた場合には、プットであろうとコールであろうと、これから買ったとしても高価すぎて儲からない可能性が高いです。それらのオプションがイン・ザ・マネーになりそうに見えるとしても、市場のサ

プライズに気づくのが遅過ぎたというべきでしょう。

　IVが50％超まで高まった場合には、おそらくオプションの売り手は喜んでそのような高価なオプションに売り向かってくるはずです（ただし、本書ではオプションの売りの戦術は、買いと異なり損失が無限大となりかねず危険ですので御法度とします）。

2）基本を押さえたうえでの有効な6つの戦略とは

　プットオプションも、コールオプションも、やみくもに買わずに、IV20％のときに買って、IV50％くらいのときに売るのがあくまでも基本であることは理解できたかと思います。

　基本を押さえたうえで、安く買えて、かつ、利益になる確率を上げる戦略が6つあります。次ページの図を見てください。

　木曜日のプット買いと木曜日のコール買いは、本質的価値を狙って満期日に決済する戦略です。翌日に満期日を控えているため（満期日までの残存期間が短いため）、プレミアムが激安というメリットがありますが、同時に、満期日までの短い時間の間に、瞬間的に大きな値動きがなければ、イン・ザ・マネーになりにくいというデメリットもあります。FOMCの発表など、木曜日の夜に大きなイベントがあるときか、リスクが少額という利点を背景に、過去の値幅を参考にしてイン・ザ・マネーになりそうな権利行使価格を選ぶ作戦になります。

　月曜日から水曜日にかけての超短期プット買いや超短期コール買いは、イン・ザ・マネーを意識しつつも、可能性の価値の急騰を狙っていく戦略になります。IV20％くらいのときに買ったプレミアムが日経225の時価の変動→イン・ザ・マネーになりそうという期待感の高まり→IVの変動→プレミアムの変動という過程を経て、値上がりし

たときに決済する作戦です。「満期日までにどういうイベントがあるか」を意識しながら、値動きが大きくなりそうなときを狙います。

ストラドルの買いとストラングルの買いは応用編の戦略です。

6つの戦略については、それぞれ、次節以降で、詳しくお話ししていきます。

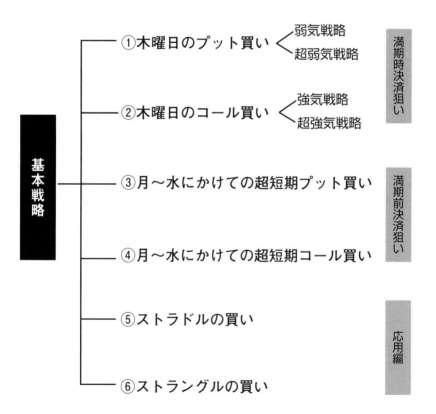

※基本戦略＝IV20％のときに買い、IV50％くらいになったら売ること

第2節
木曜日のプット買い

　Weeklyオプションでは、「安く買う」ことが求められます。
　1週間のうち、他の条件が一定であれば、一番安くプットオプションを買えるのは何曜日かというと「木曜日」です。木曜日の取引なら、プット・プレミアムの時間価値が1日しか残されていないため、予想変動率等の他の条件を一定とすれば、最も安くプットを買えます。事実、Weeklyオプションの最近の取引では、毎週満期日直前の木曜日の取引が最も活発なようです。
　ただ、やみくもに、プレミアムの安いプットを買えばよいかというと、そうではなく、日経225の時価と1日に動きやすい下落幅を考慮しつつ、イン・ザ・マネーになりやすい権利行使価格を選ぶ必要があります。筆者は以下の2つのパターンをお勧めします。

①日経225の時価から－1シグマの日次下落幅を意識した権利行使価格のプットを買う弱気戦略
②日経225の時価から－2シグマの日次下落幅を意識した権利行使価格のプットを買う超弱気戦略

　それぞれ解説します。

1）弱気戦略

「できるだけ安く買いたい」という考えから、日経225が1万6000円のときに、満期日前日の木曜日ならわずか1円程度で買える（※予想変動率20％を前提にブラック・ショールズ公式で計算）、時価よりも500円安い権利行使価格1万5500円のプットを狙ったとします。「安く買いたい」ことを優先すれば、このプレミアムの金額は魅力的です。

しかし、「安く買えれば、それでおしまい」というわけではありません。満期日にイン・ザ・マネーになりやすい権利行使価格を選ぶ必要があるからです。

以上を踏まえて、権利行使価格が1万5500円のプットの買いを考えてみます。

木曜日に1円で買えたとしても、金曜日の寄り付きのSQ値が1万6000円から1万5499円未満にまで、たった1日で500円を超えて急落しなければ儲けが出ません（イン・ザ・マネーになりません）。1日だけで500円以上の下げは、現実的にはなかなか起こりにくいので、権利行使価格1万5500円のプットは買いにくいです。

では、どうすればよいでしょうか？

プレミアムが最も安い木曜日に、イン・ザ・マネーになりやすいプットを買いたい。そうお考えの方は、日経225の時価1万6000円よりも250円低い1万5750円の権利行使価格のプットの買いを狙うとよいでしょう。

この250円という値幅は、日次標準偏差（1シグマ）1.6％から導き出したものです（1万6000円×0.016＝256円）。1日で、このくらいの値動きは期待できます。つまり、イン・ザ・マネーになりやすいという点はクリアできます。

次に、プレミアムについて考えてみます。実際に、木曜日の1万5750円のプットなら、10円程度で買うことができます（予想変動率20％を前提としてブラック・ショールズ公式で計算済み）。権利行使価格1万5500円のプレミアム（1円）よりは割高ですが、実額1万円のプットの買い物ですから、特別に高い値段というわけでもありません。この条件もクリアと考えていいでしょう。

　さて、時価よりも250円安い権利行使価格1万5750円のプットを買った場合、日経225が木曜日の1万6000円から金曜日の寄り付きに1万5740円未満にまで1日で260円を超えて下落すれば儲け（イン・ザ・マネー）が生まれます。
　例えば、急落予想が的中して金曜日のSQ値が500円安の1万5500円で決定されるとします。その場合には、10円で買った権利行使価格1万5750円のプットは、240円の利益を生みだします。期間わずか1日で、1万円の投資で24万円の利益ですから悪くありません。
　このように、木曜日（最終取引日）のプット投機買いでは、日経225の時価（例えば1万6000円）を250円（程度）下回る権利行使価格のプットをできるだけ安く買うことなどが鍵になります。

2）超弱気戦略

　先ほど、1日で500円以上も急落する可能性は低いというお話をしましたが、分析の結果、市場がもっと大幅に急落するだろうと読んでいるならば、市場の不安心理と急落を逆手にとる超投機買いを試す値打ちもあります。
　それが、時価よりも500円下回る1万5500円の権利行使価格のプット買いです。満期前1営業日の木曜日でしたら、わずか1円で買える可能性があります。なお、この500円という値幅は、日次標準偏差の

2倍(2シグマ)の3.2%から導き出したものです(1万6000円×0.032＝512円)。大きく動くときは、1日で、このくらいの値動きは期待できます。

　この戦略では、1営業日で500円よりも大きい急落が起きるとイン・ザ・マネーとなります。
　仮に、SQ値が金曜日の寄り付きに決定されて、木曜日の時価1万6000円よりも750円低い1万5250円まで急落したとします。このときわずか1000円（1円×1000倍）の賭け金（リスク）で、24万9000円の儲けが生まれることになります。

　ここで、少し話を発展させます。もしも1枚1000円で買えるのならば、このプットを10枚買っても1万円のプレミアムで済むという話になります。言うまでもなく、リスクはプレミアム分だけです（最大で1万円の損失）。
　したがって、自分の分析に自信があるのならば、1枚1000円のプットを10枚買って（1万円のプット買い）、249万円の儲けを狙う戦略も有効なのです。
　つまり、満期までに日経225が急落するという確信があるのならば、日経225の時価よりもずっと離れた権利行使価格を持つディープ・アウト・オブ・ザ・マネーのプット（権利行使価格が現在の日経225の1万6000円よりもずっと低く離れていて満期までに儲かる確率が低いプット）を、枚数を増やして買う戦略も、やり方としては間違っていないのです。
　このとき、あなたは10枚のプット買いで1億6000万円の日経225を動かしていることになります。

第3節
木曜日のコール買い

　プットの投機買いだけでなく、コールの満期日直前の買いももちろん、状況次第で極めて有効なオプション戦略となりえます。

　再三、お話ししてきているように、Weeklyオプションの満期前の最終取引日は木曜日です。木曜日の取引なら、コール・プレミアムの時間価値が1日しか残されていないために、予想変動率等の他の条件を一定とすれば、満期前日にコールを買うことがベストのはずです。最も安くコールを買えます。

　ただ、木曜日のプット買い同様、やみくもに木曜日の安いコールを買えばよいという話にはなりません。結論から言うと、以下の2つのパターンがあります。

> ①日経225の時価から1シグマの日次上昇幅を意識した権利行使価格のコールを買う強気戦略
> ②日経225の時価から2シグマの日次上昇幅を意識した権利行使価格のコールを買う超強気戦略

　それぞれ解説します。

1）強気戦略

「できるだけ安く買いたい」という考えから、日経225が1万6000円のときに、満期前日の木曜日ならわずか1円程度で買える（※予想変動率20％を前提にブラック・ショールズ公式で計算）、時価よりも500円高い権利行使価格1万6500円のコールを狙ったとします。「安く買いたい」ことを優先すれば、このプレミアムの金額は魅力的です。

しかし、「安く買えれば、それでおしまい」というわけではありません。満期にイン・ザ・マネーになりやすい権利行使価格を選ぶ必要があるからです。

以上を踏まえて、権利行使価格が1万6500円のコールの買いを考えてみます。

木曜日に1円で買えたとしても、金曜日の寄り付きのSQ値が1万6000円から1万6510円以上にまで、たった1日で500円を超えて急騰しなければ儲けが出ません（イン・ザ・マネーになりません）。1日だけで500円以上の上昇は、現実的にはなかなか起こりにくいので、権利行使価格1万6500円のコールは買いにくいです。

そこで、ここでもプットのときと同様、日経225の時価よりも250円高い1万6250円の権利行使価格のコール買いを狙います。実際に、木曜日の1万6250円のコールなら木曜日にわずか10円程度で買うことができます（予想変動率20％を前提としてブラック・ショールズ公式で計算）。なお、ここでの250円という値幅も、日経225が1万6000円であることを前提にした日次標準偏差の1.6％から導き出したものです。

さて、このケースでは、日経225が木曜日の1万6000円から金曜日の寄り付きに1万6260円を超えて上昇すれば儲け（イン・ザ・マネー）が生まれます。

例えば、思惑通り、金曜日のSQ値が木曜日終値対比500円高の1万6500円で決定されるとします。その場合には、10円で買った権利行使価格1万6250円のコールは、240円の利益を生みだします。わずか1日、1万円の投資で24万円の利益になります。

2）超強気戦略

1日で500円以上も急騰する可能性は低いというお話をしましたが、分析の結果、市場がもっと大幅に急上昇すると読んでいるならば、超強気の投機買いを試してみるのもひとつの手です。

例えば、時価よりも500円上回る1万6500円の権利行使価格のコールは、満期前1営業日の木曜日ですのでわずか1円で買える可能性があります。なお、この500円という値幅は、日次標準偏差の2倍（2シグマ）の3.2％から導き出したものです（1万6000円×0.032＝512円）。大きく動くときは、1日で、このくらいの値動きは期待できます。

さて、もしも1営業日中に500円よりも大きな値動きが起きると確信できるのであれば、翌日の満期時点で、権利行使価格1万6500円のコールはイン・ザ・マネーとなる可能性が高くなります。

仮に、SQ値が金曜日の寄り付きに決定されて、木曜日の時価1万6000円よりも750円高い1万6750円まで急騰したとします。このとき、わずか1000円のプット買いで24万9000円の儲けが生まれることになります。

ここでも、話を発展させます。もしも1枚1000円で買えるのならば、このコールを10枚買っても1万円のプレミアムで済むという話になります。言うまでもなく、リスクはプレミアム分だけです（最大で1万円の損失）。

したがって、自分の分析に自信があるのならば、1枚1000円のコールを10枚買って（1万円のコール買い）、249万円の儲けを狙う戦略も有効なのです。

　つまり、満期までに日経225が急騰するという確信があれば、日経225の時価よりもずっと離れた権利行使価格を持つディープ・アウト・オブ・ザ・マネーのコール（権利行使価格が現在の日経225の1万6000円よりもずっと高く離れていて満期までに儲かる確率が低いコール）を、枚数を増やして買う戦略も、やり方としては「あり」なのです。

第4節
月曜日から水曜日までの
イベント・ドリブン型のプット買いで
超短期取引戦略を狙う

　日経225Weeklyオプションの買いは、満期直前の木曜日まで必ず持たなければならないわけではありません。

　毎週金曜の満期日までに、まだWeeklyオプションの残存期間が数日間残っているような場合でも、国際金融市場が突如として急激な下げに見舞われたり、逆に急騰する場合があるためです。

　例えば、地政学的リスクの突発や、日米欧の金融政策の大きな変更、あるいは市場予想と大きく異なる経済指標の発表などは、Weeklyオプションの満期日である金曜日のタイミングにうまく合わせてやってくるとは限りません。

　イベントカレンダー等を見て、その週に大きく動くと期待される局面が来そうなときなどは、日経225プットの投機買いは、やはり魅力が大きいものです。株価の値下がりに、投資家の不安心理の高まり（IVの上昇）が加わり、プット・プレミアムの上昇に拍車がかかるためです。

　しかし、日経225プットの投機買いの好機が木曜日ではない場合（月曜日～水曜日の場合）、満期日までの日数が多少残っていますから、日経225の下振れリスクの保険代金（プットのプレミアム）はまだ必ずしも安くありません（137ページの上の図参照）。

　そこで、イベント等の影響を受けて、その週に大きく動きそうなと

きなどには、月曜日から水曜日に、ディープ・アウト・オブ・ザ・マネーの格安プットを買って、その後、イン・ザ・マネーとなる可能性が高まり、プレミアムが上昇したところで、満期時の最終決済を待たずに、満期日前の木曜日までに売却する超短期の取引を狙います。

　例えば、時価1万6000円よりも1000円も低い1万5000円の権利行使価格のプットの場合、満期までにまだ4営業日も残っている月曜日でさえ、金曜日の満期までに本質的な価値が生まれる（イン・ザ・マネーとなる）確率は高くありません。1週間で日経225が時価よりも1000円以上急落する必要があるためです。

　しかし、このように満期日までにやや日数がある場合には、プットのプレミアムの時間価値がまだ残っているため、日経225が多少急落して市場の不安心理が高まるだけでも、予想変動率が跳ね上がりますから、結果として、プットのプレミアムが急上昇することも珍しいことではないのです。

　このように、急落したことを受けて、イン・ザ・マネーとなる可能性の価値が高まり、それにつれてIVも増大し、結果としてプレミアムが跳ね上がったときに、プットを満期日の金曜日まで待たずに売却しただけでも、大きな利益になりえます。

　例えば、月曜日の取引時において、予想変動率20％で、かつ、日経225が1万6000円だとすると、権利行使価格が1000円下の1万5000円以下のプットはすべて1円で買えます（次ページの下の表参照）。

　このとき、日経平均が少し下落し、「さらに急落しそうだ」という不安心理から予想変動率が50％に跳ね上がったとすると、同プット（権利行使価格1万5000円）のプレミアムは、可能性の価値の高まりを反映して、当初の1円から79円まで跳ね上がります（※原資産の

曜日別・権利行使価格別　プット・プレミアムの図

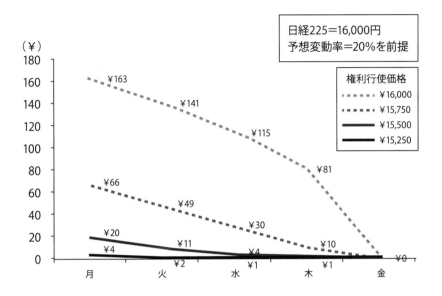

日経225＝16,000円
予想変動率＝20％を前提

曜日別・権利行使価格別　プット・プレミアム表

IV＝20％	月	火	水	木	金	IV＝50％	月	火	水	木	金
プット権利行使価格						プット権利行使価格					
16,000	163	141	115	81	0	16,000	405	351	286	202	0
15,875	107	86	62	33	0	15,875	344	290	227	145	0
15,750	66	49	30	10	0	15,750	289	237	176	100	0
15,625	38	25	12	2	0	15,625	240	190	134	66	0
15,500	20	11	4	1	0	15,500	197	151	99	41	0
15,375	10	5	1	1	0	15,375	160	118	72	25	0
15,250	4	2	1	1	0	15,250	128	90	51	14	0
15,125	2	1	1	1	0	15,125	101	68	35	7	0
15,000	1	1	1	1	0	15,000	79	50	23	4	0
14,875	1	1	1	1	0	14,875	61	36	15	2	0
14,750	1	1	1	1	0	14,750	46	26	9	1	0
14,625	1	1	1	1	0	14,625	34	18	6	0	0
14,500	1	1	1	1	0	14,500	25	12	3	0	0

日経225は1万6000円で不変としてプレミアム計算していることに注意）。

仮に、同プットを10枚買って、1万円を投資した投資家は、ただちに79万円の利益を上げることができます（取引手数料等は別）。

そして、実際に日経225が時価1万6000円からかなり下落しはじめれば、1000円以上の値幅まで急落しなくとも、（権利行使価格1万5000円の）同プットのプレミアムは加速度的に急騰するでしょう。第2章の末尾の図表でも示したように、利益が瞬く間に100万円を超えることも決して誇張ではないことがわかると思います。

ただし、注意点がひとつあります。それは、ディープ・アウト・オブ・ザ・マネーのプットの買いは、超短期の戦略と割り切ってしまうことです。

Weeklyオプションの満期日は金曜日に必ず到来します。それまで、相場が1000円を超えるほどに急落して、同オプションがイン・ザ・マネーにならない限り、このプットの価値は最終的にゼロになります。

オプション・プレミアムの時間価値の減衰は、徐々にではありますが、ボディーブローのように効いてきます。前ページの上の図が示すとおりです。

つまり、ディープ・アウト・オブ・ザ・マネーのプットの投機買いのケースでは、利益獲得機会の遭遇に恵まれない場合、すぐに戦線から撤退しないといけないのです。

大切なことは、ビッグチャンスがいつも転がっているわけではないと肝に銘じることです。通常、1〜2営業日でオプションの勝負は決まります。

オプション市場では、買い手にとって、時間経過は最大の天敵です。オプション・プレミアムには、タイム・ディケイ（時間減衰）が働くためです。これを狙った売り中心の戦略をとる大型プレーヤーの存在

があることを常に忘れてはいけません。

　ゼロサム・ゲームの先物やオプション市場で、売り手を出し抜いて買い手が勝利するためには、市場予想を大きく覆すサプライズを生む取引機会が現れるか否かに関して、常に情報優位を確立しておく必要があることは言うまでもありません。まさに、イベント・ドリブン（出来事を狙った仕掛け）の戦略なのですから、イベントが発生する確率を的確に見抜く努力が求められます。

　筆者は、常に、日経CNBC等の報道番組などで最新経済・マーケット情報を入手しています。ブルームバーグやロイターの端末があればベストですが、かなり割高ですので、読者には前者の視聴をお勧めしたいと思います。

　もうひとつの欠かせない情報は、日経225先物価格情報そのものです。最新情報はまず先物市場に表れます。その直後にオプション市場が動くというイメージです。

第5節
月曜日から水曜日までの イベント・ドリブン型のコール買いで 超短期取引戦略を狙う

　前節では超短期のプット買いについて解説しました。この話は、そのままコールにも当てはまります。事実、イベントカレンダー等を見て、その週に大きく動くと期待される局面が来そうなときなどには、木曜日でなくても、コールの投機買いにもは魅力があります。株価の値上がりに、投資家の熱狂心理の高まり（IV の上昇）が加わって、コールのプレミアムの上昇にも拍車がかかるためです。

　しかし、日経 225 コールの投機買いが木曜日ではない場合、満期日までの日数が多少残っていますから、日経 225 の上振れリスクの保険代金（コールのプレミアム）はまだ必ずしも安くありません。

　そこで、イベント等の影響を受けて、その週に大きく動きそうなときなどには、月曜日から水曜日に、ディープ・アウト・オブ・ザ・マネーの格安コールを買い、その後、イン・ザ・マネーとなる可能性が高まり、プレミアムが上昇したところで、満期時の最終決済を待たずに、満期日前の木曜日までに売却する超短期の取引を狙うのです。

　例えば、時価 1 万 6000 円よりも 1000 円も高い権利行使価格のコールは、1 週間以内に本質的な価値が生まれる（イン・ザ・マネーとなる）確率は大きくはありません。1 週間以内に日経 225 が時価よりも 1000 円を超えるほど大暴騰する必要があるためです。

　しかし、このように満期日までにやや日数がある場合には、コール

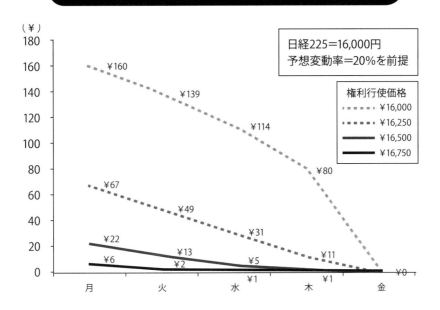

曜日別・権利行使価格別 コール・プレミアムの図

日経225＝16,000円
予想変動率＝20%を前提

権利行使価格
‥‥‥ ¥16,000
‥‥‥ ¥16,250
──── ¥16,500
──── ¥16,750

曜日別・権利行使価格別 コール・プレミアム表

（単位は円）

IV = 20%	月	火	水	木	金	IV = 50%	月	火	水	木	金
コール権利行使価格						コール権利行使価格					
17,500	1	1	1	1	0	17,500	37	19	6	0	0
17,375	1	1	1	1	0	17,375	47	26	9	1	0
17,250	1	1	1	1	0	17,250	60	35	14	2	0
17,125	1	1	1	1	0	17,125	74	47	21	3	0
17,000	1	1	1	1	0	17,000	93	61	30	5	0
16,875	3	1	1	1	0	16,875	115	79	42	10	0
16,750	6	2	1	1	0	16,750	141	101	58	17	0
16,625	12	6	2	1	0	16,625	172	127	79	28	0
16,500	22	13	5	1	0	16,500	207	159	106	45	0
16,375	39	26	13	3	0	16,375	247	197	139	69	0
16,250	67	49	31	11	0	16,250	293	241	179	102	0
16,125	106	86	62	33	0	16,125	345	291	228	146	0
16,000	160	139	114	80	0	16,000	402	349	286	202	0

のプレミアムの時間価値がまだ残っているため、日経225が急騰して市場の投機心理が高まれば、イン・ザ・マネーとなる可能性が高まり、それに伴ってIVも増大し、結果として、コールのプレミアムが急上昇することがあります。

　このようなときに、市場急騰で一時的にプレミアムが跳ね上がったコールを、オプション市場で満期日の金曜日前に売却すれば、大きな利益になります。

　例えば、月曜日の取引では、予想変動率20％で、日経225が1万6000円であることを前提とすると、権利行使価格が1000円上の1万7000円以上のコールはすべて1円で買えます（前ページの下の表を参照）。

　このとき、日経平均が実際に上昇しなくても、それが上昇しそうだという投機心理から予想変動率が例えば50％に跳ね上がったとします。

　すると、同コールのプレミアムは当初の1円から93円まで跳ね上がることになります（前ページの下の表を参照）。権利行使価格1万7000円のコールを10枚買って、1万円を投資した投資家はただちに93万円の利益を上げることができます。さらに日経225が上昇し始めれば、同コールのプレミアムは、一段と急騰していくことでしょう。

　通常ならば、1週間で時価から1000円高い権利行使価格を持つコールに、SQまでに本質的価値が生まれる（イン・ザ・マネーとなる）確率は高いとはいえません。

　しかし、日銀の異次元緩和以来、最近では1日や2日で日経225が1000円以上乱高下することも珍しい現象ではなくなっています。

　例えば、2014年10月末のハロウィーン・バズーカのように、市場が突如バブル化するようなことがあれば、コールのプレミアムが短期間

で急上昇することが起こり得ます。まさに、根拠なき熱狂が数日間続く可能性さえ今の「緩和バブル」相場では否定できないのです。

いずれにしても、高騰したコールを、満期前に売却して大きな利益を確定させればよいのです。

ただし、イベント・ドリブンのコールの投機買いも、プットの投機買い同様、極めて短期的な合理的投機戦略であることを忘れないでください。繰り返しますが、利益獲得機会の遭遇に恵まれなければ、直ちに戦線から撤退すべきです。イン・ザ・マネーとはならないコールのプレミアムはすべて満期（権利行使時点）にはゼロになるからです。

なお、ここまで説明してきたプットやコールの単独の取引は、最も簡単な取引という意味で「プレーンバニラのプット買い」や「プレーンバニラのコール買い」などと呼ばれます。

ただし、プレーンバニラといっても決して軽視しないでください。

Weeklyオプション取引のような短期取引では、複雑さを避けたプレーンバニラ取引が最も儲けが出やすいと思われます。例外は、次節以降で解説するストラドルの買いやストラングルの買いなどの（合成）取引のほうです。

～ここまでのまとめ～

プレーンバニラのプット買い戦略

◎弱気の戦略（日経225の下落を予想しプットを買う）
◎相場見通しが弱気で、下落すると思えば思うほど、権利行使価格が低いプットを選択
◎利益は日経225が下がれば下がるほど増大
◎損益分岐点＝権利行使価格－プット・プレミアム
◎時間価値の減少（タイム・ディケイ）が満期接近とともに加速することに注意
◎超投機目的で、ディープ・アウト・オブ・ザ・マネーのプットの買い枚数を増やすことも有効

プレーンバニラのコール買い戦略

◎強気の戦略（日経225の上昇を予想しコールを買う）
◎相場見通しが強気で、上昇すると思えば思うほど、権利行使価格が高いコールを選択
◎利益は日経225が上がれば上がるほど増大
◎損益分岐点＝権利行使価格＋コール・プレミアム
◎時間価値の減少（タイム・ディケイ）が満期接近とともに加速することに注意
◎超投機目的で、ディープ・アウト・オブ・ザ・マネーのコールの買い枚数を増やすことも有効

第6節
ストラドルの買いの戦略
～市場の大変動に賭ける～

　株価の方向性を予測することは難しくとも、株価が大きく上か下に振れる確率はかなり大きい場合があります。

　例えば、海外では、米FRBの金融政策を決定するFOMC（連邦公開市場委員会）や、米国雇用統計、米国インフレ率データ、アップルやインテル等米企業の決算発表や、国内では、日銀の金融政策決定会合などの重要イベントなどが、ほぼ毎月のように繰り返し発生します。

　これらの指標が大きなサプライズを生む場合、相場の方向性を読むことは難しくても、市場のIVが高まり、コールやプットのプレミアムがともに跳ね上がるケースは少なくありません。

　サプライズの方向性が予測できれば申し分ないですが、それは必須ではないのです。問題は、市場のIVです。

　このようなとき（方向性はわからないが、大きく動きそうなとき）には、プットとコール・オプション両方の買いが有効です。急落と急反発の2つのケースのいずれか、あるいは運が良ければ急落と急反発の両方で大きな利益を手中にすることができるからです。

　例えば、2015年12月18日（金）の東京市場では、黒田日銀の量的質的緩和の補完策の導入を受けて、金融政策決定会合の声明文発表直後こそ1万9869円まで急伸しましたが、その後、ETFの追加購入規模が3000億円程度と小規模だったことなどに失望して、その日の引けでは1万8982円でまで急落しました。

結果、その日の高値と安値の値幅は1000円に迫る乱高下相場となりました。イベント・ドリブンのストラドル戦略ならコールとプットの買いの両方で利益となる可能性がありました。

　いずれにしても、これはイベント・ドリブン・ストラドルの買いと呼ばれる典型的なオプションの買い戦略のひとつです。
　例えば、現在、日経225が1万6000円の近くで推移しているとして、1万6000円の権利行使価格のプットとコールを同時に買えばいいのです。予想通りに相場が大きく動けば、値上がりでも、値下がりでも大きく利益が出ます。
　相場が大きく動くだけでなく、IVも跳ね上がれば（※例えば、ポジションを作る前の20％から50％へ上昇するなど）、それこそとんでもない利益が生まれる可能性があります。事実、リーマン・ショック等では、この予想変動率はなんと100％を簡単に超えたのです。

　もちろん、あなたの予想に反して相場があまり動かないことも想定しておかなければいけません。その場合は、ポジションをただちに解消する必要があります。日経225プットと同コールの2つのオプション・プレミアムを支払っているからです。このポジションのコストは決して安くはありません。例えば、日経225が1万6000円のとき、IVが20％で、木曜日のプレミアムを見ると、プットは81円（実際の金額は8万1000円）、コールは80円（実際の金額は8万円）となっています（次ページ参照）。この戦略を実行するには、合計で161円（実際の金額は16万1000円）が必要になります。
　予想変動率が大きくならなければ、プットとコールの2つのオプション・プレミアムが同時に下がることもありえます。この場合、イベント終了後、ただちにポジションを解消します。すぐに対処すれば、損が出たとしても大きな損にはならないでしょう。

◆月曜日から金曜日にかけてのIV別プレミアム表（日経225の時価16,000円を前提）

（単位は円）

IV = 20%	月	火	水	木	金	IV = 50%	月	火	水	木	金
コール権利行使価格						コール権利行使価格					
17,500	1	1	1	1	0	17,500	37	19	6	0	0
17,375	1	1	1	1	0	17,375	47	26	9	1	0
17,250	1	1	1	1	0	17,250	60	35	14	2	0
17,125	1	1	1	1	0	17,125	74	47	21	3	0
17,000	1	1	1	1	0	17,000	93	61	30	5	0
16,875	3	1	1	1	0	16,875	115	79	42	10	0
16,750	6	2	1	1	0	16,750	141	101	58	17	0
16,625	12	6	2	1	0	16,625	172	127	79	28	0
16,500	22	13	5	1	0	16,500	207	159	106	45	0
16,375	39	26	13	3	0	16,375	247	197	139	69	0
16,250	67	49	31	11	0	16,250	293	241	179	102	0
16,125	106	86	62	33	0	16,125	345	291	228	146	0
16,000	160	139	114	80	0	16,000	402	349	286	202	0
IV = 20%	月	火	水	木	金	IV = 50%	月	火	水	木	金
プット権利行使価格						プット権利行使価格					
16,000	163	141	115	81	0	16,000	405	351	286	202	0
15,875	107	86	62	33	0	15,875	344	290	227	145	0
15,750	66	49	30	10	0	15,750	289	237	176	100	0
15,625	38	25	12	2	0	15,625	240	190	134	66	0
15,500	20	11	4	1	0	15,500	197	151	99	41	0
15,375	10	5	1	1	0	15,375	160	118	72	25	0
15,250	4	2	1	1	0	15,250	128	90	51	14	0
15,125	2	1	1	1	0	15,125	101	68	35	7	0
15,000	1	1	1	1	0	15,000	79	50	23	4	0
14,875	1	1	1	1	0	14,875	61	36	15	2	0
14,750	1	1	1	1	0	14,750	46	26	9	1	0
14,625	1	1	1	1	0	14,625	34	18	6	0	0
14,500	1	1	1	1	0	14,500	25	12	3	0	0

もっとも、重要なイベントの前に市場の予想変動率が高まっていて、すでに、プットやコールの予想変動率が50％程度の高価なオプションを買ってしまった場合には、イベント通過後、サプライズがないとプレミアムが急減して、数万円から数十万円の損を出す可能性がないとはいえません。

　だからこそ、オプションの買いでも、「より安く買って、高く売る」という投資の原則を忠実に守ることが必要なのです。その**鉄則を守るのであれば、2つのオプションを買うという「高価なイベント・ドリブン・ストラドルの戦略」も、ひとつの方法と言えます。**

　なお、先述したように、日経225が1万6000円で予想変動率（IV）が20％であることを前提とすれば、このときのストラドルの買いのプレミアムの合計は161円（金額は16万1000円）と必ずしも安くありません。翌日の満期日に仮に寄り付きで決まるSQ値が、運悪く、不変だったとすると、あなたは全プレミアム分の16万1000円を一晩で失うことになります。

　そこで、次節のストラングルの買いがより魅力的になるのです。

ストラドルの買いの戦略

◎権利行使価格が同一のプットとコールの買い
◎相場の見通しは不透明だが、相場の大幅変動を予想
◎相場が、上下いずれの方向でも、大きく動くほど利益が拡大
◎最大損失は、プットとコールの支払いプレミアムの合計に限定
◎時間価値は満期に向けて急減する。2つのプレミアムを支払っていることに注意
◎一般に、満期日まで保有されることは稀

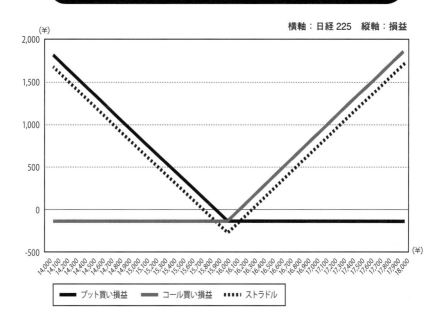

第7節
ストラングルの買いの戦略
～ストラドルを激安価格で買う～

　あなたに「ミスター・マーケット（市場）は、ストラドルよりももっと大きくびっくり仰天する（大変動する）」という確信があれば、あるいは、ストラドルのプレミアムが満期日までの残存日数との関係等で高すぎる場合には、イベント・ドリブンのストラングルの買いに転換するのもひとつの方法です。

　ストラングルの買いとは、権利行使価格が日経225の時価よりも低い権利行使価格のプットの買いと、それ（日経225の時価）よりも高い権利行使価格のコールの買いを組み合わせたものです。

　相場の極めて大きな変動が予想されたとしても、どれだけ市場が飛び跳ねるのかは、神のみぞ知るところです。

　そうであれば、大乱高下相場に対応するストラングルの買い戦略では、ストラングルのコストを一定に保ちながら、最大の利益を手にできる戦略を採用することが賢明といえるでしょう。

　例えば、投資資金が10万円（プレミアムの合計が10円）だとして、日経225が1万6000円で20％の予想変動率という状況である場合、次のようなストラングルの買い戦略の例が考えられます（次ページの表を参照してください）。

①木曜日に仕掛ける場合

　木曜日のストラングルの買い戦略では、日経225がアット・ザ・マ

◆月曜日から金曜日にかけてのIV別プレミアム表（日経225の時価16,000円を前提）

(単位は円)

IV = 20%	月	火	水	木	金	IV = 50%	月	火	水	木	金
コール権利行使価格						コール権利行使価格					
17,500	1	1	1	1	0	17,500	37	19	6	0	0
17,375	1	1	1	1	0	17,375	47	26	9	1	0
17,250	1	1	1	1	0	17,250	60	35	14	2	0
17,125	1	1	1	1	0	17,125	74	47	21	3	0
17,000	1	1	1	1	0	17,000	93	61	30	5	0
16,875	3	1	1	1	0	16,875	115	79	42	10	0
16,750	6	2	1	1	0	16,750	141	101	58	17	0
16,625	12	6	2	1	0	16,625	172	127	79	28	0
16,500	22	13	5	1	0	16,500	207	159	106	45	0
16,375	39	26	13	3	0	16,375	247	197	139	69	0
16,250	67	49	31	11	0	16,250	293	241	179	102	0
16,125	106	86	62	33	0	16,125	345	291	228	146	0
16,000	160	139	114	80	0	16,000	402	349	286	202	0
IV = 20%	月	火	水	木	金	IV = 50%	月	火	水	木	金
プット権利行使価格						プット権利行使価格					
16,000	163	141	115	81	0	16,000	405	351	286	202	0
15,875	107	86	62	33	0	15,875	344	290	227	145	0
15,750	66	49	30	10	0	15,750	289	237	176	100	0
15,625	38	25	12	2	0	15,625	240	190	134	66	0
15,500	20	11	4	1	0	15,500	197	151	99	41	0
15,375	10	5	1	1	0	15,375	160	118	72	25	0
15,250	4	2	1	1	0	15,250	128	90	51	14	0
15,125	2	1	1	1	0	15,125	101	68	35	7	0
15,000	1	1	1	1	0	15,000	79	50	23	4	0
14,875	1	1	1	1	0	14,875	61	36	15	2	0
14,750	1	1	1	1	0	14,750	46	26	9	1	0
14,625	1	1	1	1	0	14,625	34	18	6	0	0
14,500	1	1	1	1	0	14,500	25	12	3	0	0

ネーとなる1万6000円に近い権利行使価格で、かつ、20％の予想変動率という状況の中、投資資金10万円の中で買えるものは、権利行使価格1万5625円のプット（プレミアム2円）と、権利行使価格が1万6375円のコール（同4円）です。

つまり、アット・ザ・マネーである1万6000円の上下375円の権利行使価格のプット（1万6000円−375円＝1万5625円のプット）と、コール（1万6000円＋375円＝1万6375円のコール）を同時に買えば［このときの値幅は750円（1万6375円−1万5625円）］、合計プレミアム6円なので、10円以内に買いコストを抑制しながら、プットとコールの損益分岐点を日経225の時価の1万6000円に最も近づけることができます。

②水曜日に仕掛ける場合

水曜日のストラングルの取引では、1万5500円の権利行使価格のプット（プレミアム4円）と、1万6500円の権利行使価格のコール（同5円）を買うことになります。

つまり、アット・ザ・マネーである1万6000円の上下500円の権利行使価格のプットとコールを同時に買えば（値幅は1000円）、合計プレミアムが9円なので、10円以内に買いコストを抑制しながら、プットとコールの損益分岐点を日経225の時価の1万6000円に最も近づけて、ストラングルで儲けが出る可能性を高められます。

③火曜日に仕掛ける場合

火曜日のストラングルの取引では、1万5375円の権利行使価格のプット（プレミアム5円）と、1万6625円の権利行使価格のコール（同6円）を買います。

つまり、アット・ザ・マネーである1万6000円の上下625円の権利行使価格のプットとコールを同時に買えば（値幅は1250円）、合計プ

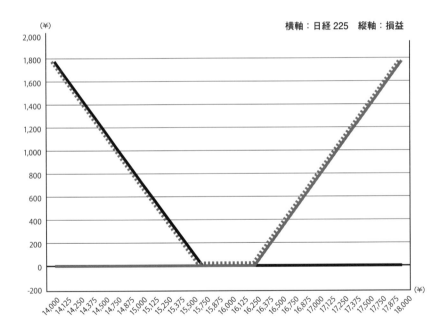

レミアムが11円になるので、10円の買いコストをやや超過してしまいますが、プットとコールの損益分岐点を日経225の時価の1万6000円に最も近づけて、ストラングルで儲けが出る可能性を高められます。

④月曜日に仕掛ける場合

　月曜日のストラングルの取引では、1万5250円の権利行使価格のプット（プレミアム4円）と、1万6750円の権利行使価格のコール（同6円）を買います。

　つまり、アット・ザ・マネーである1万6000円の上下750円の権利行使価格のプットとコールを同時に買えば（値幅は1500円）、合計プレミアムが11円になるので、10円の買いコストをやや超過してしまいますが、プットとコールの損益分岐点を日経225の時価の1万6000円に最も近づけて、ストラングルで儲けが出る可能性を高められます。

ストラングルの買いの戦略

◎権利行使価格が低いプットの買いとそれが高いコールの買いの組み合わせ
◎相場の見通しは不透明だが、相場の極めて大きな変動を予想
◎相場が、上下いずれの方向でも、大きく動くほど利益が拡大
　最大損失は、コールとプットの支払いプレミアムの合計に限定。ストラドルのコストよりも安い
◎時間価値は満期に向けて急減する
◎損益分岐点に達するまでには相場の大幅な変動が必要
◎一般に、ストラドル同様、満期日までポジションを保有することは稀

第6章

Weeklyオプション買い
実践編

第1節
アクションプラン
〜Weeklyオプションの実際〜

　Weeklyオプション取引で結果を出すには、金曜日の寄り付きでイン・ザ・マネーとなるプットやコールを、事前にできるだけ安いプレミアムで買うことです。
　ただ、「安く買う」とはいっても、具体的にどうするのかがわからないと動けないのも事実でしょう。
　そこで、本節では、筆者が利用している「楽天証券」の取引画面を使って、「SQ日にイン・ザ・マネーになりそうな権利行使価格を持つプットやコールをできるだけ安く買う手順」について解説していきます。

【行動ステップ】

　プットにせよ、コールにせよ、Weeklyオプションを買うときには、次の順番を意識してください。158ページ以降でそれぞれ解説します。

①日曜日に、その週に相場が動きそうなイベントがあるかどうかを確認する
②今日の曜日、満期日までの残存日数、日経225の時価を確認する
　（次ページのA）
③イン・ザ・マネーになりそうな権利行使価格を選ぶ
④チェックした権利行使価格のIVを見る
⑤IVが20（〜30）％台であれば、買いのチャンス

画像提供：楽天証券

①日曜日に、その週に相場が動きそうなイベントがあるかどうかを確認する

大きく動くようなイベントがその週に控えていると、短期間のうちにイン・ザ・マネーになる確率も上がります。

「今週、どういうイベントがあるのか」については、月曜日になる前に、事前に確認しておきます。そのイベントに合わせて、戦略を練るようにします。

②今日の曜日、満期日までの残存日数、日経225の時価を確認する（前ページのA）

取引する前に、今日が何曜日か、満期日までの残存日数、現在の日経225の時価を確認します。

③イン・ザ・マネーになりそうな権利行使価格を選ぶ

どんなにプレミアムが安くても、イン・ザ・マネーにならなければ、最終的に満期日で儲けは出ません。そこで、日経225の時価を考慮した値幅を参考に権利行使価格を選びます。

例えば、日経225の時価が1万6000円であれば、1日に動くであろうと思われる値幅は250円前後です。もし、今日が木曜日（満期日前日）であれば、現在価格から250円前後離れた権利行使価格を選ぶようにします（※厳密にはトレーダーの戦略と資金量による）。月曜日～水曜日であれば、500円前後離れた権利行使価格（※2項分布なども考慮）を選ぶこともできます。

次ページを見てください。今日は満期日前日で、日経225の現在価格は1万7250円です。仮に、下落すると期待し、今からプットを買おうと考えているときは、この画面で言うならば、1万7000円あたり（1万7250円－250円）あたりのプットを確認します。

逆に、上昇すると期待し、今からコールを買おうと考えているならば、1万7500円（1万7250円＋250円）あたりのコールを確認します。

建玉	出来高	売気配	買気配	IV	前日比	コール	行使価格	プット	前日比	IV	売気配	買気配	出来高	建玉
0	0						16500	1↓	-4	37.10	2		33	32
0	0						16625	2↓	-5	35.08	3	1	195	202
0	0						16750	4↑	-18	32.33	4	3	17	60
200	6			175	40.59	+140	16875	6↓	-20	29.51	8	4	34	61
152	22	200	110	95	28.08	-85	17000	13↓	-21	25.37	14	10	161	240
152	22			43	24.34	-70	17125	35↑	-15	25.85	38	33	27	7
39	40			17	24.61	-40	17250	85↑	+5	26.49	80	65	38	110
33	17			6	25.95	-32	17375	145↑	-5	27.50	155	140	28	2
42	23			2	27.83	-19	17500	8↑				50	0	3
20	16			1	31.84	-7	17625	3↑					0	0
39	60				34.41	-3	17750	2↑					0	1
							17875	1↑						0
							18000							0

画像提供：楽天証券

④チェックした権利行使価格のIVを見る

　プットを買おうと思っているときは、現在の日経225（先物）が1万7250円とすると、まずは1万7000円の権利行使価格のIVを確認します。この例ではIVは25.37％でした。

　コールを買おうと思っているときも同様に、現在の日経225（先物）が1万7250円とすると、まずは1万7500円の権利行使価格のIVを確認します。この例では、IVは24.61％です。

⑤IVが20（〜30）％台であれば、買いのチャンスあり

　プットを買う場合を考えます。権利行使価格1万7000円のプットのIVは25.37％でした。この権利行使価格のプットの最新のプレミアムは13円です（※厳密には、売気配を見るとわかるように、14円での買いの取引になります）。このときのリスクは1万3000円（※プレミアム13円×1000倍）です。積極的に買っても悪くはありません。

　一応、ほかの権利行使価格にも目を向けてみます。1万6875円のプットのIVは29.51％でプレミアムは6000円（プレミアム6円×1000倍）、1万7125円のプットのIVは25.85％でプレミアムは3万5000円（プレミアム35円×1000倍）等となっています。

　どの権利行使価格のプットを買うのかについては、最終的にはトレーダー自身の戦略や資金量に委ねられますが、いずれにしても、損失はプレミアム代金に限定されます。

　次に、コールを買う場合を考えます。権利行使価格1万7500円のコールのIVは24.61％でした。この権利行使価格のコールの最新のプレミアムは20円です（※厳密には、売気配を見るとわかるように、22円での買いの取引になります）。このときのプレミアムの実額は2万円（※プレミアム20円×1000倍＝2万円）です。IVは適当ですが、人によっては、プレミアムが少し高いと思うかもしれません。

そこで、ほかの権利行使価格に目を向けてみると、1万7625円のコールのIVは25.95％でプレミアムは6000円（プレミアム6円×1000倍）、1万7375円のコールのIVは24.34%でプレミアムは5万円（プレミアム50円×1000倍）となっています。
　プットのときと同様、どの権利行使価格のコールを買うのかについては、最終的にはトレーダー自身の戦略や資金量に委ねられますが、リスクは限定（プレミアム代金のみ）されます。

　ここまでが、トレーダー自身でコントロールできるところです。あとの動き、要するに、日経225の値幅がどのくらいになるのかは自分ではコントロールできないわけですから、天に任せればよいのです。
　自身でコントロールできることをしっかりやって、リスクを限定的にする。これが、Weeklyオプション取引で勝利を収めるための絶対条件なのです。

楽天証券 Market Speed での
オプション理論価格シミュレーションについて

①現在［2016年9月1日（木）：13時時点］、日経225と同先物が約1万6930円で取引されていることをMarket Speedの画面上で確認します。

②銘柄が日経225オプションで、限月が2016年9月第1週で、アット・ザ・マネーに近い権利行使価格が1万6875円のプットを、今、買いたいと仮定します。

③オプション市場での9月第1週のWeeklyオプション（残存日数1日）の権利行使価格1万6875円のプットの市場での最新プレミアムは35円です。

④この35円のプレミアムが高いのか、安いのか、あるいはフェアなのかをMarket Speedで確認したい場合、読者がエクセルで計算しなくとも、Market Speedのオプション理論価格シミュレーションを使用して、次のようにすればよいです。

⑤第一に、Market Speed画面上で、「オプション理論価格計算」のアイコンをクリックして、「オプション理論価格シミュレーションについて」に同意します。

⑥第二に、ポップアップした「Market Speed-オプション

画面の例（下線部分は読者が挿入すべきところ）

```
Market Speed - オプション理論価格計算

銘柄コード    141697020    銘柄指定            最新情報に更新
銘柄名        日経225オプション 16-09-4w C 17000
原資産名称    日経225先物（期近）    取引最終日    2016年09月21日
行使価格              17000 円    金 利           0.00 %
原資産価格         16310.00 円    配当（年率）     0.00 %
残存日数                  2 日

計算種類  ○IV  ●プレミアム    ボラティリティ    19.6005 %

プライシングモデル  ブラックショールズ ▼              計算

プレミアム      δ         γ         ν         θ         ρ
  0.1521    0.0021    0.0000    0.0833   -0.4082    0.0019

            閉じる      クリア
```

画像提供：楽天証券

注）上記の画像は、実際に操作するときに、「どこを見ればよいのか」を示すものであって、あくまでも取引画面の例です。画面の中の数字は、本文（162 ページと 164 ページ）の中で紹介している数字とは関係ありません。

理論価格計算」画面を見て、行使価格、原資産価格そして残存日数等を確認します。

⑦第三に、計算種類にはIVとプレミアムがありますが、（IVは画面で別途確認できるため）我々はプレミアムを黒丸で選択し、その後、期待するボラティリティに関する数値、例えばIV20％を挿入します。

⑧次に、計算ボタンを押す。

⑨新しい計算は、ブラック・ショールズの（プライシング）モデルによると、プレミアムが約47円であるべきことを示してくれます（なお、δやγなどのいわゆる「ギリシャ文字」も同時に計算してくれます）。

⑩以上を踏まえると、現在、市場で取引されている35円は、理論価格の47円よりも安いことがわかります。日経225がその後大きく下落するのであれば、安いプットの買いになる可能性があるとわかるのです。

第2節
実例紹介
～チャイナショック～

　WeeklyオプションがJPXで取引開始されたのが2015年5月下旬。筆者がWeeklyオプション取引に初めて参戦したのが同年8月でした。実例として、このときの話をしてみようと思います。

　私がWeeklyオプション取引に参加したときは、突如として人民元が大幅に切り下げられた（2015年8月11日）ころでした。参加しようと思った理由は、日米欧中の通貨当局の間で深刻な通貨戦争がすでに勃発しており、「緩和バブルがいよいよ世界中でヤバくなってきた」と考えたところにあります。国際金融市場のクラッシュの到来をはっきりと予見することができました（拙著『緩和バブルがヤバい　追いつめられる中央銀行総裁達』（ビジネス教育出版社）ご参照）。

　しかも、毎週満期日がやってくるWeeklyオプション取引が2015年5月下旬から開始されたばかりでした。そこで、格安のWeeklyオプションを利用して、相場のクラッシュを逆手にとるローリスク・ハイリターンのイベント・ドリブンの投資戦略を試してみようと思い立ったのです。

　ところで、2015年8月第2週の金曜日寄り付きで決まるオプションSQ値は2万540円36銭でした。当時、日本と欧州の中央銀行が実施する量的金融緩和が円安とユーロ安を招き、日欧の株式市場で緩

和バブルが頂点を極めていたため、日経平均株価もアベノミクスあるいはクロダノミクス下での最高値圏にあったのです。

　ところが、2015年9月第2金曜日の寄り付きで決定されたメジャーSQ値は1万8119円49銭まで急落しました。1カ月間で2420円強の大幅下落であり、2015年8〜9月SQ間の月間下落率は−11.8％の暴落でした。
　日経225先物は日経225の1000倍の取引ですので、8月の満期日直後に9月限月の日経平均先物を1枚売った投資家は限月間の値幅2420円×1000倍＝242万円の利益を享受することができたことになります。
　この歴史的な月間下落率は2015年8月24日に発生した「中国版ブラック・マンデー」でクライマックスを迎えた形となりましたが、同年8月11日の突然の人民元切り下げが世界同時株安の発端となったことは間違いありません。
　いずれにしても、日経225先物取引には現在1枚あたり100万円程度の証拠金が必要となります。このため、242万円の利益といっても利益率は2.4倍程度に過ぎません。
　しかも日経225先物の売りの場合、投資家の下落予想に反して相場が上昇すれば、先物の売り手にとっては大きな損失につながる危険性があります。

　以上のことを考えると、チャイナ・ショック時の満期日間の真の勝利者は、日経225先物よりも日経225オプションだったというべきでしょう。
　2015年9月限の権利行使価格1万8000円のプットは、前週末の同年8月21日（金）に1枚わずか12円で買うことができました。その権利行使価格1万8000円のプットの24日（月）の終値は300円まで

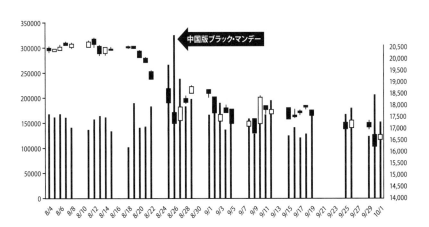

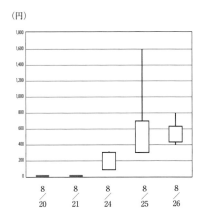

大幅上昇したのです。

　さらに凄かったのは、24日のイブニング・トレードでは、その後も300円から1600円まで一段と急騰したことです。

　24日の日経225先物終値は約1万8400円でした。しかし、同日の夕場の取引では日経225先物がさらに1万7160円まで一挙に1000円以上も急落したのです。

　その晩、NYダウが約1000ドルもギャップ・ダウンする大幅安で寄り付いたため、それに呼応して日経225先物も24日のイブニング・トレードで1万7160円まで急落したためでした。

　そこで、中国版ブラック・マンデーとも呼びうる8月24日の大証のイブニング・トレードでは、9月限（9月の第2金曜日寄り付きに満期を迎えるという意味）の1万8000円の権利行使価格のプット（売る権利）のプレミアムは（1枚当たり）約1600円まで跳ね上がったのです。

　オプション取引は、ラージ先物取引同様に、1枚当たり（プレミアムの）1000倍の取引です。権利行使価格1万8000円のプットは21日に1万2000円（12円×1000倍）で買うことができて、24日の終値では30万円（300円×1000倍）、そして高値では160万円（1600円×1000倍）で売ることが実際に可能だったのです。

　この日経225プットの買いならば、30万円で売っても、投資リターンは25倍、160万円ならそのリターンは約133倍となったわけです。

　そこで、21日に12円だった権利行使価格1万8000円のプットを10枚買っていれば、12万円の投資金額を元手に1600万円で売却して、かなりの儲けを獲得できました。

　率直にいって、筆者はチャイナ・ショックでこれほどは儲けていません。24日の大証通常取引終値でプット買いのポジションを売却してしまったからです。まだまだ修行が足りません（笑）。

ただし、幸いなことに、今回の中国版ブラック・マンデーの前日に、筆者のブログで最新のWeeklyオプション取引を紹介しておきました。それを参考にして、筆者を上回るリターンをオプションの買いで大儲けできた読者がおられたとすれば幸いです。
　いずれにしても、2015年の8月から9月の満期日間の取引では、中国版ブラック・マンデーのような相場急落を利用する、イベント・ドリブンのオプション投資法が正に大勝利したことだけは間違いないのです。

　ところで、2015年9月限の権利行使価格1万8000円のプットの価格は最終的に9月第2金曜日である満期日（9月11日）にどうなったかですって？　結局、ゼロに終わっています。
　なぜなら、2015年9月11日の寄り付きで決まる日経平均株価（SQ値）は、幸か不幸か、1万8000円を下回らなかったからです。
　なぜ本質的価値がゼロに終わった権利行使価格1万8000円のプットの価格が一時は1600円（実際には160万円）までに跳ね上がっていたかといえば、満期日前に予想変動率が急激に高まったことを受け、イン・ザ・マネーとなる可能性の価値が高まった結果、2015年9月の満期日までの時間価値が急騰したからです。

　最終的に本質的価値がゼロに終わっても、満期日までは輝かしい光を放つことができる夢の投資法こそが、プットやコールの日経225オプション投資なのです。この投資の魅力は尽きなく、その威力は絶大なのです。
　特に、2015年5月下旬に生まれたばかりのWeeklyオプションは、今後、その取引と流動性が増大するにつれて、格安プレミアムで大きな成果を上げたい賢明な投資家にとっての最大の武器となることが期待されます。

第7章

Weeklyオプション取引をするうえで押さえておいたほうがよい基礎知識

第1節
オプション市場の一日
～シカゴ、シンガポール、大阪、東京市場との関係～

　本章ではWeeklyオプション取引で勝利するために、押さえておいたほうがよい基礎知識を紹介します。

1）シカゴ・マーカンタイル取引所（CME）とは

　突然ですが、あなたはシカゴ・マーカンタイル取引所（CME）をご存知ですか？　そして、その重要性を知っていますか？
　実は、「CMEで取引されている日経225指数先物の終値が日本の毎日の株価をほとんど決めている」といっても過言ではありません。
　CMEとは、「米国シカゴにある商品先物取引所および金融先物取引所のこと」を指します。S＆P500指数をはじめとする米国主要株式指数を含む先物とオプション取引で、世界最大の取引規模を誇っています。日経225先物も24時間取り扱われていることから、CMEは日本の投資家の間でも、今や「知る人ぞ、知る」というべき地位を確立しつつあります。
　事実、日本の株式市場関係者は、毎朝、株式取引が始まる前に、米国で取引終了したばかりのCMEにおける日経225先物の終値に注目しています。
　CMEの日経225先物の終値が前日の大阪取引所での日経225先物の終値と比べて、「（シカゴで）どれだけ値が動いたか」を見ることが、

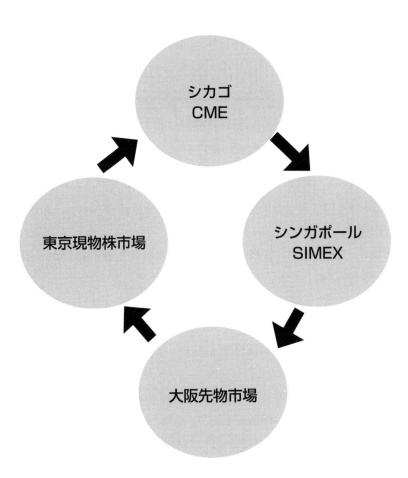

外国人投資家の日本株に対する相場感を測るうえで格好の材料となるためです。

　日経225とは、言うまでもなく、日本経済新聞社が選定する225銘柄の単純平均株価指数のことです。この日経225を対象とした先物取引は、1986年にシンガポール取引所（SIMEX）で始まり、1988年には大阪証券取引所で、2000年にはCMEでドル建てが、2004年には円建てが上場され、国内外で幅広く取引されています。

〜現物と先物価格の一致〜

　日経225先物と日経225の間には、$F = S(1 + r - d)$という関係が成立します（これはスポット・フューチャーズ・パリティーと呼ばれています）。Fは日経225先物価格、Sは日経平均株価、rは金利、dは配当利回りです。

　結局、日経225先物の理論値は、日経平均株価に対して、満期までの金利分だけ高く、配当利回り分だけ低いことになります。

　最も、日本の金利はほぼゼロであり、最近ではマイナス金利化さえしています。そこで、配当利回り（原稿執筆現在は約2％と高いが、今後、景気後退で配当が大幅減少する可能性大）と、ほぼゼロの金利水準をとりあえず無視すれば、日経225先物と日経平均株価はほぼ同じ水準と簡略化してもいいでしょう。

日本の株式市場は、東京証券取引所で、毎朝9時に取引が開始されますが、実は、その30分前には、シンガポールSIMEXで日経225先物取引がすでに開始されています。ここでの始値は、（一物一価の法則に基づく）裁定取引によって、通常はその日の早朝に終了したCMEの日経225先物終値の近くに落ち着きます。

　そして、午前8時45分になると、今度は大阪取引所で日経225先物・オプション取引がスタートします。ここでの始値も、裁定取引によって、CMEの終値の近傍に落ち着くことがほとんどです。

　注目すべきは、SIMEXや大阪における日経225先物の寄り付きの値段（始値）が、CMEの終値から大きく乖離する場合です。こういうことは、国内や海外で大きな情報が飛び込んで来たときに起こりやすいです。

　このような日経225先物価格の大きな上下変動［ギャップ・アップ（非連続的な大幅上昇）やギャップ・ダウン（非連続的な大幅下落）］が、その後、1営業日中の相場の展開を決定づけることは少なくありません。

　例えば、米国の主要企業（アップルやインテル等）の決算発表や業績修正発表は、ニューヨークやシカゴでの通常取引が終了してから、直ちに行われるのが慣例です。その発表された数値が市場予想と大きく異なれば、米国の時間外取引で、個別銘柄の株価に異変が起こります。このような異変は、ほぼ例外なく、S&P500指数先物（※シカゴCMEでほぼ24時間取引されている）等を経由して、大阪取引所の日経225先物等に連動します。

　こうして、米国株式市場の引け後にサプライズが起こった場合には、SIMEXや大阪取引所の日経225先物価格がCMEの日経225先物終値と大きく乖離して寄り付き、その後も大幅変動する場合が少なくないのです。

極論するならば、日経225先物（miniを含む）や日経225オプション（Weeklyを含む）の知識なしで、日本株で利益を持続的に上げることは不可能と言えます。株価の大変動は、流動性が極めて高く、しかもレバレッジ比率が高い指数先物市場に、まず現れるからです。

2）大阪が動くと東京が動く

日本のGDPや日銀短観、鉱工業生産統計等の国内重要経済指標の発表は、通常、日本時間午前8時50分に公表されます。このとき、事前の市場コンセンサス予想と結果が大きく乖離すれば、市場にとってかなりのサプライズとなります。その結果、8時45分からすでに取引が開始されている日経225先物の価格が大きく変動することになります。

このように大阪の日経225先物が動くと、それはすぐに東京の現物株（特に日経225銘柄）に引き継がれます。これは、大阪の指数先物と東京証券取引所の現物株（日経225）との値段の差を利用した裁定取引が働くためです。現在はそのほぼすべてがプログラム・トレードによって執行されていると見られます。

過去約25年間の証券市場の歴史を見ると、日本株式市場の暴落や急騰はほぼ例外なく、大阪の指数先物に連動して起きています。「ごく短期で見ると、東京市場の株価水準（特に日経平均に採用された225銘柄）は東京証券取引所ではなく、大阪（究極的にはシカゴ）で決まる」と聞いて、驚く一般投資家も少なくないかもしれません。

もっとも、2015年以降、大阪取引所（日本の日経225先物とオプション取引の中心）と東京証券取引所（日本最大の証券取引所）は合併して、日本取引所グループ（JPX）を形成しています。このため、日経225先物と同オプションは依然として大証で取引されていますが、今

や日本の現物取引とデリバティブ取引のほとんどが、JPX の本店である東京で、事実上、取引されているといってもいいと思います。

第2節
24時間眠らない
シカゴ・グロベックスという妖怪

　前節で解説したように、ニューヨーク証券取引所での取引は、米国東部時間の午後4時［日本時間では翌日早朝6時（夏時間では同5時）］に終わります。そして、シカゴ市場での株価指数先物取引は東部時間の午後4時15分［日本時間では翌日早朝6時15分（夏時間では同5時15分）］で終了します。

　しかし、その15分後の東部時間4時30分［日本時間では翌日早朝6時30分（夏時間では同5時30分）］に、シカゴのグロベックスと呼ばれる電子市場の取引が始まります。グロベックス取引は翌朝の東部時間9時15分まで、つまりニューヨーク株式市場とシカゴ先物市場での取引開始の15分前まで続くことになります。

　このグロベックスとは、コンピューターのスクリーン上に売りと買いが表示されて、指数先物取引が行われる電子市場のことです。このグロベックスこそが24時間眠らない世界の株式市場の「妖怪」なのです。

　通常、東部時間の夜間取引では、それほど活発な売買はありません。しかし、先に述べたように、アップルやインテル等の決算発表や業績修正発表等は、ニューヨークやシカゴでの通常取引終了直後に行われます。

　結果が市場予想と大きく異なれば、米国の時間外取引で、アップル

やインテルの株価等に異変が起こります。個別株の異変があっても、その動きはシカゴ CME でほぼ 24 時間取引されている S ＆ P500 指数先物やナスダック 100 指数などに連動します。これらの指数先物取引は、アップルやグーグル等の時価総額最大級の個別銘柄の取引金額をはるかに凌駕しています。

　ここで注目すべきは、日本の株式市場が開いている間も、この米株式指数先物がシカゴでずっと取引されている点です。なぜなら、このシカゴの指数先物が大阪取引所で取引されている日経 225 先物を先導する傾向が極めて強いためです。

　つまり、こういうことです。東京市場の投資家にとって、翌日の日本株は、今晩の米国株式市場に大きく影響を受けるだろうと予想します。

　次に、今晩の米国株式市場の寄り付きは、今日の東京市場の場中で確認できるシカゴの米株式指数先物に影響されると予想できます。したがって、今日の日経 225 先物は、今日のシカゴの米株式指数先物に右ならえとなるのです。

　最後に、今日の日本の現物株は今日の日経 225 先物との裁定取引（現物・先物の一致）によって決定されることは言うまでもありません。

翌日の日経平均株価の合理的予想

今日の日経 225 先物 ↕ 今日の日経 225 → 今日の CME の S ＆ P 500 → 今晩の S ＆ P 500 → 明日の日経 225 予想

世界中のほぼすべての重大ニュースはこのグロベックスの米株式指数先物価格に瞬時に織り込まれ、その後、米国株や世界の株式市場の動きにつながってきたといって間違いありません。

　実際には、米国（現物株式）市場が開いている時間帯は眠っていますが、事実上、24時間、世界の株式市場を連動させているこの「シカゴ・グロベックスの妖怪」には要注意なのです。

　もっとも、2013年4月に開始された黒田日銀の異次元緩和下では、日本発で世界の株式市場を揺るがした場面も少なくありません。2014年10月末の「ハロイーン・バズーカ砲」がその典型例です。サプライズ緩和を好む黒田日銀の金融政策決定会合は、最近、世界的に注目されており、シカゴの指数先物同様に国際金融市場の台風の目になりつつあります。

第3節
マンスリーやメジャーSQが近づくと日本株に大波乱が起こりやすくなる

1）トリプル・ウィッチングとは

　日本では日経225（マンスリー）オプションや日経225mini先物の満期日、すなわち特別清算日（SQ日）が、毎月第2金曜日に訪れます。この月例の満期日が近づくと、日経平均株価に波乱が起こりやすくなる傾向があります。

　一方、米国では、通常の指数（マンスリー）オプションと個別株オプションは、毎月の第3金曜日に満期が訪れます。このため、米国株は毎月第3金曜日が近づくと波乱が起きる可能性があります。

　SQ日の日経225先物等の指数裁定取引は、先物契約に対して現物株式を同時に反対売買することで執行されます。したがって、株価指数先物の満期日には、裁定取引者は先物契約が満期を迎えると同時に現物株式のポジションを閉じるのです。

　特に、mini先物ではなく通常のラージ先物取引に関して、米国では、毎4半期の最終月（3月、6月、9月、12月）の第3金曜日にS＆P500などの指数先物の満期が到来します。

　これに対し、日本では同じく3月、6月、9月、12月の第2金曜日に日経225先物（ラージ）の期日が到来します。これらを、通称、

特別清算（Special Quotation=SQ）日と言います。

　したがって、年に４回、これら指数（ラージ）先物、指数（マンスリー）オプション、個別株オプションが同時に満期を迎えることになります。米国では、これら３つの満期の同時到来をトリプル・ウィッチング（３つの魔法）と呼んでいます。

　なお、指数（ラージ）先物の決済がない月の第３金曜日はダブル・ウィッチング（２つの魔法）と呼ばれます（ダブル・ウィッチング前の株価の値動きは、トリプル・ウィッチング前に比べれば小さいようです）。

　日本では、米国より１週間早く第２金曜日にトリプル・ウィッチングやダブル・ウィッチングが訪れます。我が国では、前者をメジャーSQ、後者を単にSQと呼んでいます。

２）トリプル・ウィッチングには要注意

　米国では、トリプル・ウィッチングやダブル・ウィッチング前に株式市場の変動率が大きくなる傾向があります。これは何も不思議な話ではありません。

　なぜなら、ニューヨーク証券取引所のスペシャリストは引けに成り行き（株価の如何にかかわらず注文を出すこと）で、大きいブロックの株式を売買しなければならないからです。大きい買い越し注文があれば、株価は大きく上昇します。反対に、売り注文が凌駕すれば、株価は急落します。

　もっとも、株価が大変動しても、アーブ（裁定取引者）にとっては、実はまったく問題ありません。というのは、現物株のポジションで損が出れば、先物のポジションで益が出るからです。逆もまた真なりです。

しかし、現物株だけを保有する投資家にとっては、これではたまったものではありません。そこで、1988 年、ニューヨーク証券取引所は、シカゴ・マーカンタイル取引所に対して、指数先物の取引を木曜日までとし、先物契約を金曜日の引け値でなく始値で決済するように変更させました。スペシャリストに売り注文と買い注文を付き合わせる時間を与えるためでした。

　以来、トリプル・ウィッチング・デーの株価の変動は幾分弱まってきたようです。日本でも同様です。ただ、そうはいっても、トリプル・ウィッチング・デーでは決して気を抜けません。

3）オプションの売り手が危機に直面すると、相場は SQ 直前に大波乱

　オプションの買い手の裏には、売り手が当然にいます。基本的に、売り手は、相場が動かないと見てオプションを売ります。

　オプションの相当部分が価値ゼロで満期を迎えるため、オプションの売り手はほとんどいつも儲かっています。

　しかし、オプションの売り手となるためには、十分な証拠金を必要とします。最悪の場合、理論的には無限大とさえいえる損失リスクを保証するためです。そして、そのほとんどがスマート・マネー（機関投資家）なのです。

　日経 225 オプションの権利行使価格はかつて 500 円刻みでした。例えば 1 万 4000 円、1 万 4500 円、1 万 5000 円、1 万 5500 円、1 万 6000 円、1 万 6500 円、1 万 7000 円、1 万 7500 円、1 万 8000 円等々です。

　したがって、毎月の第 2 金曜日のオプション満期日が近づくと、結局、寄り付きで決まる日経平均株価の SQ 値が、「この 500 円刻みの権利行使価格のどこに落ち着くのか」が、極めて大きな問題になっていました。

それは、リスク限定のオプションの買い手が最終的に儲かるか否かはもちろんのこと、特に損失が無限大となりうるオプションの売り手にとっては大問題になるからです。

なぜなら、日経225が大変動せずにそのまま直近における500円刻み権利行使価格の間で最終決定されれば、オプションの売り方はSQ時にプレミアムをすべて受け取れるからです。

逆に、日経225が大波乱の動きとなり、この500円離れた権利行使価格を飛び出した場合、オプションの売り手は大損害を被ります。つまり、日経225が急騰し500円のバンドの上限を超えればコールの売り方の大損、反対に、日経225が急落しこのバンドの下限を下回ればプットの売り方の大損になるのです。

最終的に大損にならない場合でも、保有ポジションのリスクが急増して、多額の追加証拠金（追証）を求められる場合もあります。そして、巨額の追証要求に翌営業日午前中までにオプションの売り手が応じられなければ、すべてのポジションは証券会社（最終的には取引所）によって強制的に解消させられてしまいます。

「結局、満期時には大損を免れていたのに……」と後で悔しがっても、後悔先に立たずです。今日負ければ、仮に明日勝てそうだとしても、すでに時遅しとなるのが、レバレッジの世界の掟なのです。

こうしたことが背景にあったため、権利行使価格が500円刻みだった当時の満期直前には、日経225が大きく変動しやすかったのです。

現在はどうかというと、日経225オプションの権利行使価格の刻みは125円までに縮小されていますから、かつてほどの満期日前の乱高下は見られなくなったようです。

しかし、結局のところ、毎月の満期日や特に4半期メジャーSQ日直前の週の取引では、オプションの買い手が勝つか、売り手が勝利するかという、ゼロサム・ゲームにおける天下分け目の厳しい大合戦になることに変わりはありません。

　それも毎月決まって実施される定期戦のゼロサム・ゲームです。短期志向のスマート・マネー間の血みどろのバトルといってもよいかもしれません。しかも、オプション取引の原資産である日経225は、事実上、前日のシカゴの日経225先物でほぼ決まってしまっているのですから大変です。

　アット・ザ・マネーのオプションを売り建てていた投資家が、「やれデルタ・ヘッジだ」「それガンマ・ヘッジだ」などと、リスク回避のために大忙しのてんてこ舞いになる姿は、マンスリーSQや特に4半期のメジャーSQ直前ではごく普通に見られる、デリバティブ・トレーダーたちの習性なのです。

第4節
ヘッジファンドの動きには気をつけろ　その1
～株式市場はレバレッジを駆使するヘッジファンドにキリキリ舞い～

1）ヘッジファンドの暗躍

　株式市場は、短期では、なぜこうも気まぐれなのでしょうか。ある日（あるいはある期間）、突然急上昇したかと思えば、翌日（あるいは翌期）にはただちに急落する。もちろん、逆のパターンもあります。

　この株式市場のボラティリティ（変動率）の要因は、「緩和バブルがヤバい」という状況の中で、内外の経済政策や日本の経済・企業のファンダメンタルズ要因に帰するものも少なくないでしょう。

　しかし、最近（原稿執筆当時）の相場の気まぐれさは、それだけの理由だけではなさそうです。

　例えば、2013年5月の「QE3縮小の癇癪」というバーナンキ・ショックでは、日経225は1日で7％以上も急落しました。しかし、その後はほどなく急回復して、2015年7月までは緩和バブルにつながり、それがまた、2015年8月のチャイナ・ショックで急落するという流れになっています。

　このような株式市場のボラティリティのかなりの部分で、表には出ずに暗躍しているのが、株式指数先物やオプション取引を駆使するヘッジファンドです。

　ヘッジファンドの資本金は、株式投資金額全体のほんのわずかのシェアを占めるにすぎません。しかし、ニューヨーク証券取引所にお

ける最近の全取引の約40%がヘッジファンドによる取引で占められていると言われています。何故でしょうか。

その理由は、「ヘッジファンドは、レバレッジ（借り入れによる梃子）を駆使して、短期で大胆に運用することを基本にしている」ことにあります。

レバレッジ比率は、通常の株式（信用）取引の場合、米国では資本金の2倍、日本ではその3倍というように上限が設定されています（ちなみに、チャイナ・ショック時には、中国株では資本金の10倍までの信用取引が許されていたようです）。

先物やオプション等のデリバティブ取引の場合には、そのレバレッジ比率は通常15倍程度あります。つまり、日経225先物などを売り買いするグローバル・マクロ・ヘッジファンド（※）等は、保有ポートフォリオの時価が6.7%程度低下するだけで、資本金がすべて吹っ飛ぶ計算になります。

いずれにしても、ヘッジファンドは、株価変動率が大きくなりそう

※グローバル・マクロ・ヘッジファンドとは、世界規模で主要国のマクロ経済や金融情勢をトップ・ダウンで分析を行い、ある国のマーケットで方向を決定づけるような大きなポジション（ヘッジ可能な）を取る（IMF報告書「ヘッジファンドの素顔（ジグマベイスキャピタル刊（1999年））参照」）もの等と定義されます。ソロスのクオンタム・ファンドがグローバル・マクロ・ヘッジファンドとして最も有名です。

つまり、グローバル・マクロ・ヘッジファンドは、最先端の投資理論と優れた相場観を駆使することで、その時々の世界経済と国際金融市場の情勢に最も適合した投資戦略を打ち立て、最も実現可能な投資戦術のもとに、リスク当たりの期待リターンを最大化することを目指します。いずれにしても、ヘッジファンドの基本的な特徴は、通常の株式投資を超えるハイリスク・ハイリターンを狙う投資運用のひとつの手段・手法として広く知られています。

なお、ヘッジファンドは、通常の株式投資信託のように相場が下落しても相場全体の成績に負けなければいいという相対リターンを目指すものではありません。ヘッジファンドは、毎期、プラスの絶対リターンを目指さねばなりません。このため、ヘッジファンドは通常の長期投資よりも、はるかに大きな潜在的リスクを引き受けます。

例えば、相場下落リスクをヘッジする日経平均指数先物の売り、あるいはオプション市場での売る権利（プット・オプション）を買う等という投資手段を駆使することによって、それらの実現が可能となります。

なときには、比較的短期で大きな利益を狙って、レバレッジを活用して資金を市場に大量投入します。彼らは超活発なトレーダーであり、相場の急落や急騰局面において、株価形成に大きな影響を与える存在なのです。

2）ヘッジファンドが損失を出し始めると、相場が荒れてくる

　ヘッジファンドの投資戦略は、ヘッジファンドが儲かっている限り問題ありません。
　しかし、ヘッジファンドが損失を出し始めた場合には事情がかなり異なってきます。
　通常、ヘッジファンドは、投資家から高い運用手数料（資産の2％と利益の25％）を徴収しているのですが、この手数料の重みが投資家にのしかかってくるからです。
　ヘッジファンドで損が出始めれば、投資家は当然のことですが不機嫌になります。月次や4半期における損失でさえ我慢できなくなります。そして、最後は解約へと走るのです。

　例えば、2013年5月に発生したバーナンキ・ショックの相場急落などは、こうした"ヘッジファンドなどの連鎖反応"によって増幅されたと見られます。どういうことなのか、説明します。

　株式市場が、何らかのきっかけで、大きく下落したとします。このとき、大きなレバレッジをかけてロングしていた（買い持ちしていた）ヘッジファンドは巨額の損失を出し始めます。彼らは、さらなる下落リスクを回避するため、条件反射的に自己の買い持ちポジションを売ります。これは、ストップ・ロス・オーダーと言われます。そして、そのストップ・ロス・オーダーが株価のさらなる下げを誘発するのです。

短期売買では、株が安くなると売る（反対に、高くなると買う）というポジテイブ・フィードバック戦略に帰着します。これが株価のオーバーシュート（行き過ぎ）に拍車をかけるのです。

　投資家から手数料を預かっている以上、ヘッジファンドは利益を上げなければなりません。ですから、いったん売りのモメンタムが途切れ、市場が上昇に転じたとしたら、（ヘッジファンドは）すかさず上昇相場に飛び乗り、レバレッジをかけて買いポジションを増やす必要があります。それができないような「愚鈍なヘッジファンド」は、投資家たちに見限られてしまうからです。したがって、今度は、買いが買いを呼ぶ、ポジテイブ・フィードバック・ループが再開されるのです。

　2015年7～9月期には、チャイナ・ショックでかなりのヘッジファンドが損を出したようです。ということは、今（原稿執筆段階）は、可能な限り利益を上げて、過去の損を相殺しなければならない事情が、ヘッジファンドには出てきたということになります。

3）ヘッジファンドの影響力は大である

　現在、ヘッジファンドの数は数万本、総資本は数百兆円も存在すると言われています。米国を含む世界のすべての株式市場において、「4半期ごとの売買取引のうちの圧倒的なシェアをヘッジファンドがほぼ独占することも可能」と言われています。

　果たして、今後の世界の株式市場と国際金融市場はどのような展開を見せていくのでしょうか。2015年夏や2016年1～2月に見られたような相場の大波乱（緩和バブルの発生とその崩壊）やボラティリティが今後急速に収束していくとは考えにくいでしょう。2016年6月にはBrexit（英国のEU離脱）も発生しました。

　1カ月や4半期ベースの勝負に賭けるのがヘッジファンドの習性で

す。ヘッジファンドは、必ずしも、賢明なスマート・マネーではないかもしれません。だが、それは、資金力という腕力を持った力強いマネーであることだけは確かです。

　こうして、株式市場は、（先物やオプション等の）デリバティブとレバレッジを駆使するヘッジファンドにキリキリ舞いとなるのです。

第5節
ヘッジファンドの動きには気をつけろ　その２
〜株式市場は伝染する（犯人はデリバティブの追証）〜

　ヘッジファンドは、日経225先物やオプションなどデリバティブ取引を多用します。

　特に、日本のデリバティブ取引の中心である日経225先物取引（ラージ）は、現物株との裁定取引を通じて、日経225採用銘柄の株価に大きなインパクトを与えます。

　日経225先物取引においては、思惑通りに動けば利益はかなり大きくなりますが、思惑と逆の動きになれば、当然ながら、損もまた大きくなります。特に、株式市場が急激に動いている場合、ラージ先物取引は非常にリスキーになります。予想が外れた運の悪い投資家が、巨額の損失を出さずにラージ先物の取引から脱出することは困難です。

　だからこそ、レバレッジが極めて高い先物取引をするためには、証拠金が必要となります。なお、プットやコールのオプションの売りの取引では、先物同様、多額の証拠金が求められます。
　この証拠金を維持して取引を継続するためには、保有ポートフォリオ（建玉）の値洗い（時価評価）が毎日求められます。値洗いの結果、建玉の維持に必要となる証拠金が、取引所や証券会社が要求する最低必要証拠金を下回って、不足する場合があります。この場合には、投資家は不足金を翌日の午前中までに証券会社に差し入れる必要があり

ます。これを追加証拠金（追証。マージン・コール）といいます。

　このような追証リスクがあるため、先物やオプションの売りを取引するデリバティブ・トレーダーにとっては毎日の損益が極めて重要になります。明日勝てそうだとしても、今日負けて、追加証拠金を明日の午前中までに提供することができなければ、投資家が保有する建玉は反対売買によってすべて強制的に解消されてしまうからです。この場合、先物の買いや売りのポジション（オプションの売り建玉も含む）は、すべて売却され、清算されることになります。
　なお、プットやコールなどのオプションの買いには証拠金が一切必要ありません。したがって、オプションの買いには追証はありません。

　実は、このような先物・オプション等のデリバティブの値洗い（建玉の時価評価）、追証そして流動性不足という問題は、"世界の資本市場における伝染病の大きな原因になっている可能性が大きい"と見られています。つまり、ウォール・ストリートや兜町などが、追証を通して、「ウィルス」を世界中に撒き散らす危険があるのです。ヘッジファンドは、先物やオプションの買いや売りなどのデリバティブ取引を駆使して、今後ますます、流動性、レバレッジ、およびボラティリティを市場に供給し続けていくでしょう。

　こうして、日経225先物・オプションの建玉が時価評価されて、必要な証拠金も毎日評価されるという状況のもとで、相場の大きな変動が巨額の追証発生につながり、売りが売りを呼び、買いが買いを呼ぶというポジティブ・フィードバック・トレードが誘発され、投資家が群れる行動を引き起こすのです。
　結局、現物の個別株は、日経225先物との裁定取引の影響を大きく受けます。特に、日経225を構成する各銘柄の株価は、日経225先物

や同オプションの売り買いによって増幅され、その結果、金融の熱狂も、悲観も、世界的に伝染する傾向がますます高まっているのです。

付　録

今、人気の日経225miniは
Weeklyオプションのお友達

はじめに

　さて、「緩和バブルがヤバい」東京市場にあって、伝統的な個別株取引で勝利することは望めません。欧米の洗練されたヘッジファンド並みに、グローバルな視野で、インデックスを中心とした、しかも流動性が高くレバレッジが利く日経225先物（miniを含む）やオプション取引で、日本株式市場で勝利することが今ほど重要になっている時代はないでしょう。

　日経225miniとオプションは、今後日本の相場が大荒れとなっても、前者の場合には売りで、後者の場合にはプット（売る権利）を買うことで、むしろ大儲けができるチャンスが広がっています。

　本書の締めとして、今、超人気の日経225miniを徹底的に解説します。Weeklyオプションの投資戦略を考察するときにも、日経225の先物市場の動向を見て、相場の大きな転換点を図ることが非常に重要になります。

　実際、筆者はオプション取引を行う場合には、現物市場よりも日経225先物を同時に見ています。前章でも説明したように、株式市場の変化はまずシカゴや大証の日経225先物市場（miniを含む）に真っ先に現れるからです。

　最近、東京市場で注目されているのが、日経225の100倍の取引が可能なmini先物です。miniは2007年に導入されて以来、「出来高が

年率33％ずつ伸びている」という長期的な高成長率を記録しています。2015年には、日経225の1000倍の取引をする従来のラージ先物の取引規模を超えるまでに成長してきています。

第1節
日経 225mini は
日経平均株価の 100 倍の先物取引

　日本取引所グループは、日経 225mini を日経平均株価（日経 225）を対象にした株価指数先物取引で、(1) 将来の特定の日に (2) 日経平均株価（日経 225）の 100 倍を (3) 現時点で取り決めた値段（約定値段）で売買することを約束する取引のことと定義しています。

　また、株式投資のように売買代金を支払うのではなく、証拠金と呼ばれる担保を差し入れることで取引ができるので、少ない資金で比較的大きな取引ができるという特徴が日経 225mini にはあります。

　さらに、取引対象が日々のニュースで伝えられる日経平均株価（日経 225）ですので、初めての投資家でも親しみやすく参加できます。

　加えて、相場上昇局面での日経 225 の買いから取引を開始するだけでなく、相場下落局面では売りから取引を始めることも可能です。

　取引単位は日経平均株価（日経 225）の 100 倍です。日経平均株価（日経 225）を 100 倍した金額が最低取引単位（1 枚）となります。

　大阪取引所で 1988 年 9 月から取引されている日経 225 先物（ラージ）の最低取引単位は日経平均株価（日経 225）の 1000 倍です。

　これに対して、2006 年から取引開始された日経 225mini は最低取引単位をその 10 分の 1 に小口化したものです。正に前者のラージに対して、新しい後者は mini なのです。

　mini の証拠金も 10 分の 1 の額です。日本証券クリアリング機構が

設定する「証拠金」は日経225先物の10分の1の額になります。このため、より少額の資金で日経平均株価（日経225）を対象とする先物取引ができます。

　実は、このminiが現在、ラージを超える取引量まで拡大して、超人気化しています。

第2節
高レバレッジと流動性が mini の最大の魅力

　繰り返しますが、日経225miniとは、要するに、従来の日経225先物取引の10分の1のミニサイズとなる商品であり、日経225miniは日経平均株価の100倍の値段の取引です。

　例えば、miniでは、日経平均株価が1万6000円で取引されているような現状では、その100倍の160万円相当の日経225のインデックス取引をすることと同じ投資効果があります。

　しかし、日経225miniは株式投資のように取引に必要な160万円分の自己資金がすべて必要となるわけではありません。

　その取引額やその時々のリスク状態に応じて大阪取引所や証券会社が決定する証拠金（例えば2016年4月現在時点で約8万円等）を、投資家は証券会社に預け入れるだけでよいのです。

　つまり、8万円のテコ（証拠金＝自己資金）で、160万円相当の日経平均を動かせる。このときのレバレッジ比率は20倍という高倍率になります。

　すでに述べたように、miniは2006年7月に大阪証券取引所（大証）に上場されました。miniはラージの日経225先物が持つリスクとリターンを10分の1の大きさにコンパクトにしたものです。

　miniは日本のデリバティブ市場における画期的なイノベーションのひとつです。最近の取引高は通常のラージ先物取引を超えるほどに

なり、人気が高まっています。

このため、買いたいときや、売りたいときに、ただちに日経225の時価近くで売買することができます。つまり、miniの流動性は極めて高いのです。

それまでの日経225先物取引、つまりラージでは、日経225の1000倍の取引だったため取引金額は2000万円近くになっていました。リターンも大きいですが、その分、リスクも大きいため、個人投資家にお勧めできるデリバティブ取引とはいえませんでした。

証拠金も、ラージ先物の場合はmini先物の10倍の金額が必要になります。現在でも約80万円と安くはありません。

しかし、miniなら個人投資家も日経225先物のようなスペキュレーション戦略を採ることができます。なぜなら、日経平均株価が1日に1000円急落したとしても、その100倍に当たる10万円程度の損失に止まるからです。

しかも、買いだけでなく、売りからも取引できます。このこともminiのもうひとつの魅力といえます。

今、お話ししてきたようなことが、2006年の誕生以降、年率33％強の高成長を続けている理由なのです。

2013年以降の黒田異次元緩和を背景とした「カジノ相場」の中で、miniの人気が一層高まっています。今後も、目が離せません。

第3節
日経225miniの取引手法
～スペキュレーション（投機）～

　日経225miniの基本的な取引手法は、日経225先物取引同様、主に以下の3つがあります。

①**スペキュレーション（投機）**
②**ヘッジ**
③**裁定取引**

　このうち、裁定取引は日経225先物でも取引コストの面で難しいため現実的ではありません。また、ヘッジ取引も、一般投資家にはやや複雑かもしれません。
　そこで、本書では、miniを使った単純で、儲けやすいスペキュレーション（投機）だけに焦点を当てて解説します。

　さて、日経225miniの満期時点の損益はどうなるのでしょうか。miniは最終的に満期日で自動的に決済されます。最終時点の損益を考えておくことは（それまでに転売できるため必須ではありませんが）重要です。
　右ページの図は、日経225miniを1万6000円で1枚買った場合と売った場合の満期時の損益図を示しています。何もリスク・ヘッジしていない裸のポジション(naked position)ですから、正にスペキュレー

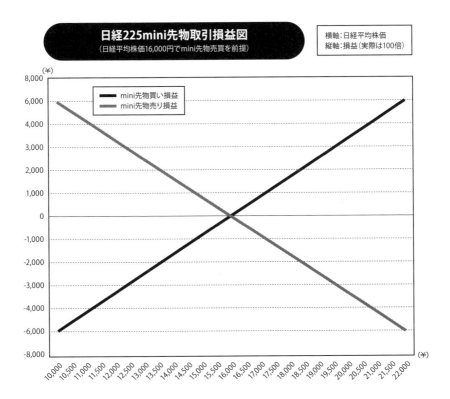

ション(投機)のケースです。

　仮に、miniの満期日(毎月第2金曜日＝SQ日)の寄り付き時点の日経平均株価が1万7000円まで上昇し、SQ値が同値で確定したとしましょう。

　日経225miniを1万6000円で買った投資家は、満期時に日経225を1万7000円で売ることになり、差額の1000円が利益となります。実際の利益は、この差額1000円の100倍に相当する10万円になります(手数料と税金は別)。

　逆に、1万6000円で売ったmini先物の投資家は、満期時に時価1万7000円で買い戻さなければならず、差額1000円分の損が発生します。実際の損失は、この100倍の10万円になります。

　このように、miniの損益も通常の日経225先物同様に、買い手と売り手の間のゼロサム・ゲームになります。

　もしも、日経平均株価が急落してminiの満期時に1万5000円まで下落したとしたらどうでしょうか。

　今度は、miniの買い手が損を出し、売り手に利益が転がり込みます。なぜなら、miniの買い手は、時価1万5000円の日経225を1万6000円で買う義務を負っているためです。このときは差額の10万円のロスになります。

　他方、miniの売り手は、時価1万5000円まで下落した日経225を1万6000円で売ることになるので10万円の利益となります。

　つまり、miniの損益図は、通常の日経225先物(ラージ)のそれとまったく同じなのです。つまり、日経225miniの損益図は利益も損失も無限大であり、その損益図は線形になります(※オプションの損益図は非線形になります)。

　違いは、ラージの損益額が1000倍となるのに対して、miniの場合には100倍になるだけです。

miniでは、ラージ同様に、投資家の思惑通りに相場が動けば利益が出ます。逆に、思惑が外れれば損が出ます。
　しかし、日経225先物とは違い、約8万円の証拠金で160万円相当の取引ですので（日経平均株価1万6000円を前提）、リスクは小さくなっています。
　ただ、だからといって、miniを10枚取引すれば、日経225先物と同程度の比較的大きなリスクをとることになります。その点はご注意ください。

第4節
ブルとベア

さて、以下では、mini で儲けるにはどうしたらよいかを本格的に考えてみましょう。

①ミスター・マーケットとは

日本の兜町や米国のウォール街には、昔から２種類の部族が住んでいると言われています。両部族は互いに対立しており、時々両者間で派手な喧嘩を引き起こします。だが、両部族ともに、人間に勝るマーケット（市場）を崇拝している点では同じです。

彼らは、ミスター・マーケットがどんな気分で何を考えているのか、そしてミスター・マーケットが世界の出来事にどのように反応するのかを予想することに全精力を費やしています。

実は、ミスター・マーケットとは、金融市場、特に株式市場を擬人化した言い方です。つまり、マーケットは人と同じく、感情に大きく左右されます。それは科学的というよりも、実に気まぐれな生き物だと言われます。

②ミスター・マーケットの起源

世界一の株式投資家であると自他ともに認める世界屈指のお金持ちウォーレン・バフェット氏は時価総額 40 兆円を超える投資会社バークシャー・ハサウェイ社の創業者であり現役の投資家でもあります。

このバフェット氏の株式投資の先生がバリュー（割安株）投資で有名なベンジャミン・グレアム氏（コロンビア大学教授）です。グレアム氏が名著『賢明なる投資家』（パンローリング）のなかで、株式市場の気まぐれさをわかりやすく説明するために使用したのが「ミスター・マーケット」という言葉の起源です。

　このミスター・マーケットはかなりの気分屋です。前日に狂喜したかと思えば、当日は癇癪を引き起こし、雷も落とします。

　翌日のご機嫌はどうなることやら、（長期予測は別として）神のみぞ知るというべきでしょう。しかし、これら両部族の影響力の源泉は、このミスター・マーケットの今後を予測する能力にあります。

　2種類の部族は、それぞれの偶像神を崇拝しているようです。一方で、雄牛の姿をした強気（ブル）の神は、ミスター・マーケットの上機嫌を象徴します。他方で、熊の姿をした弱気（ベア）の神は、ミスター・マーケットの不機嫌を表します。

　雄牛（ブル）は勇猛果敢に突進し、角を下から突き上げて熊（ベア）に挑みます。このブルの動きが、ミスター・マーケットの上機嫌と株価高騰の動きに重なり、縁起が良いとブル族は強く信じているのです。

　他方、熊（ベア）は鋭い爪を立て太い腕を振り下ろし、雄牛を殴り倒そうとします。このベアの動きがミスター・マーケットの不機嫌や株価急落の動きに重なるとして、ベア族は縁起をかつぐのです。

　いずれにしても、強気筋はミスター・マーケットが莫大な富をもたらしてくれると信じ、弱気筋はそれが富を奪い取ると確信しています。

　強気筋は怖いものなしですべてを賞賛し、すべてを誇張します。

　弱気筋は極端な神経過敏症で、すべてを悲観し、常に怯えています。弱気筋にとっては、酒場の喧嘩が暴動になり、ささいなことが大混乱の前兆のように見えるのです。

　このようにブルとベアが日々格闘を続けているのが株式市場であり、その勝ち負けの星取表が毎日の株価というわけです。

第5節
ランダム・ウォーク（酔っ払いの千鳥足）に勝利するには

　ミスター・マーケットは、市場に多様な価値観や情報を持つ投資家が多く参加すればするほど、酔っ払いの千鳥足のように不規則に動きます。これが、ミスター・マーケットのランダム・ウォークと呼ばれる所以です。

　結局、ランダムに動くミスター・マーケットの中で勝利し続けるのは簡単ではありません。ランダムなミスター・マーケットで勝利する確率はコイン・トスのように五分五分でしかないからです。特に短期売買の場合、繰り返せば繰り返すほど、投機家は手数料の分だけ、負けやすいとされています。

　なお、相場のコイン・トスによる日々の上げ下げが、日経225とそのオプション・プレミアムをどのように決めるかについては本書の第4章で取り上げていますので、そちらをご参照ください。

　結局、ランダム・ウォークで必ず儲かるのは株式売買手数料収入で稼ぐ株取引ゲームの胴元だけなのかもしれません。証券会社やその総元締である日本取引所グループは、もちろん公的な役割を果たしています。とはいえ、それ自体、営利を追求する株式会社であることは言うまでもありません。

ランダム・ウォークではまず儲けられない一般投資家は、一体どうすればよいのでしょうか。

第6節
短期は雑音市場と心得よ

　株価（日経平均株価等の指数を含む）は常に正しいのでしょうか。そして、株価は常にフェア・バリュー（適正価値）なのでしょうか。結局、短期的な株式投資で儲けるにはどうすればいいのでしょうか。

　実は、株価は常に正しいとする株式市場の効率性仮説は、1981年以降、その信頼性が大きく失墜しています。例えば、『根拠なき熱狂』の著書でも有名なイエール大学のシラー教授は、同年に、「"株価は、配当の変化で正当化できるよりも、ずっと激しく変動する"こと」などを、理論と実証研究で突き止めて、2013年にノーベル経済学賞を受賞しました。

　1987年10月19日の月曜日には、世界中の株式市場が1日で20％以上も暴落するブラック・マンデーが起きました。東京市場も例外ではありませんでした。
　1990年には我が国で株式と不動産のバブルが頂点を極めました。
　2000年にはシラー教授らの「予言」通りにITバブルが弾け、その後、ほどなく2006年には欧米で住宅・不動産バブルが膨張し、2007年にはサブプライムローンが焦げ付き始め、2008年のリーマン破綻で国際金融市場と世界経済は大きな痛手を受けたばかりです。

ミスター・マーケットが「効率的」であれば、バブルの発生とその大暴落など起きようがありません。しかも、リーマン・ショックの後遺症から世界経済はいまだに完全に立ち直っていません。にもかかわらず、新たなバブルが日欧を中心とする大胆な量的金融緩和政策の中で再び醸成され、それが崩壊しようとしているかに見えます。

　株価は、ノイズ（雑音・騒音）、つまり、日々、目や耳にするあらゆるニュースや材料、根も葉もないうわさ、そして非合理な思惑等を織り込んでいます。
　根拠なき熱狂や人気、フィーバーが過熱することはもちろん、他方で、非合理な恐怖感や悲観心理もノイズを増幅させます。
　こうして、ノイズを含んだ株価は、株式の本源的価値や長期的な株価と乖離することがしばしばあります。長期的には別ですが、株価は、ある意味で、常に間違っているとさえ言っても過言ではありません。
　米ペンシルベニア大学ウォートン・スクールのシーゲル教授らは、現代の金融市場では効率的市場仮説というよりも、「雑音市場仮説（noisy market hypothesis）」が成立していると主張しています。

第7節
トレンドはフレンド

①有名な格言

　短期では、真の情報よりも、根も葉もないうわさなどの雑音（ノイズ）に基づいて株式売買することを好むノイズ・トレーダーはかなり多いものです。彼らは、短期的な過去の株価を外挿します。つまり、そのまま直線的に延長するのです。

　短期のトレーダーたちは短期トレンドを追う傾向が強いです。そのため、彼らはチャート分析が大好きです。

　「トレンドはフレンド」という、ウォール街で古くから有名な格言があります。そして、このようなトレンド戦略、あるいはモメンタム戦略は、あながち間違いとは言い切れないのです。例えば、チャート分析は短期トレーダーたちの古くからの武器であり、現在でも廃れていないところが、その証明になります。

②ポジティブ・フィードバック戦略

　短期トレンドを追いかける投資家は、株が高くなると買い、安くなると売ります。これをポジティブ・フィードバック戦略と言います。

　このように、ノイズ・トレーダーが株価上昇時に買い、株価下落時に売るというポジティブ・フィードバック戦略を取る場合、（年金基金などの長期機関投資家等からなる）スマート・マネー（賢明な投資家）がノイズ・トレーダーに対抗することはもはや最適な戦略とはい

えなくなります。

　むしろ、スマート・マネー自らが、このノイズ・トレーダーが担ぎ出した祭りのお神輿（みこし）や、かれらが引っ張る山車（ダシ、英語ではバンドワゴンという）に相乗りするほうが利益を出しやすいのです。

　このとき、スマート・マネーは、"ノイズ・トレーダーが株価上昇を期待し興味を持っている株式"を先回りして積極的に購入します。そして、株価が上昇し、その他の投資家の買いを誘うときになって、スマート・マネーは高値近辺で売り抜けて利益を確定させるのです。

　こうなると、スマート・マネーによる裁定取引は、ノイズ・トレーダーたちの興味を刺激して、株価をファンダメンタルズからますます乖離させるように変質させてしまうのです。

　つまり、スマート・マネーは高値で売り抜き、究極的には株価をファンダメンタルズに収斂させるものの、短期的にはバブルを解消させるどころか、バブルをむしろ増幅させてしまいます。

　いずれにしても、大多数の投資家が長くフォローしてきたトレンドが大転換する前に、それまでトレンド戦略で積み上げてきた利益を素早く確定させなければなりません。それができれば、短期株式投機で勝利する可能性はあります。

第8節
投機の掟とは

　短期投機で勝利するためには、次のような「掟」があることを忘れてはいけません。

　ノイズ・トレーダーの戦略は、基本的に自分よりももっと愚かな投機家に対して高値で売り抜ける「大馬鹿理論（bigger fool theory）」に基づいていることです。

　トレンドはフレンドとの格言通り、トレンドが崩れない限り短期投機のノイズ・トレードで継続的に儲けられる可能性はあります。

　実際にノイズ（雑音・騒音）に基づき取引する投機家をノイズ・トレーダーといいます。

　しかし、トレンドはやがて転換します。そこで、あなたはクラッシュに潰される前により愚鈍なノイズ・トレーダーにババを引かせなければなりません。あなたがババを引いてはお終いです。それが大馬鹿理論の掟なのです。

第9節
テクニカル分析でトレンドを狙え

　ノイズ・トレーダーの戦略の典型は「トレンドを追う」ことに他なりません。それは実に簡単です。つまり、「過去の株価トレンドが将来も継続する」と予想（外挿）するだけでよいのですから。

　このために、移動平均線 やトレンド・ライン、チャネルライン、ゴールデン・クロス 、デッド・クロス などのチャートを使ったテクニカル分析が駆使されます。

　テクニカル分析では、例えば、株価がある「天井」を突破した（ブレイク・アウト）時に、より多くの株を買うことが薦められます。

　反対に、株価がある「フロア（床）」を下回ったら（ブレイク・ダウン）、より多くの株を売ることがよいとされます。

　いずれにしても、短期トレンドを追いかける投機家は、株が高くなると買い、安くなると売る、ポジティブ・フィードバック（好循環）戦略に夢中なのです。

第10節
クラッシュに潰されるな

　問題は、株価が情報だけでなくノイズをますます吸収するにつれて、その本源的な価値（ファンダメンタルズ）と大きく乖離してしまうことです。

　また、このようなノイズ・トレーダーの「好循環」や順張りの動きを利用する、スマート・マネーと称する長期投資家がトレンドに乗っかってますます現れてくることも問題を大きくします。

　こうして、株価は次第にオーバーシュート（行き過ぎ）し、バブルが破裂するリスクが大きくなります。そして、早晩、クラッシュがやってくるのです。

　クラッシュ時には、順張り型のノイズ・トレーダーのほとんどが潰されます。レバレッジ（信用）で破綻するケースが続出することもしばしばあります。

　短期投機では、トレンド戦略で儲けられる可能性も確かにあります。しかし、条件があります。あなたはクラッシュに潰される前に、より愚鈍なプレーヤーにババを引かせなければならないのです。ババを引いたままではダメなのです。

　しかも、21世紀の株式市場では、本書で見てきたように、先物やオプション取引を駆使する大型ヘッジファンドが短期売買の中核をなしています。彼らは圧倒的な価格支配力を持っています。

株価を短期で大きく動かすのは、資金量がものをいう大型ヘッジファンドだと見て、まず間違いありません。逆に、大多数の短期トレーダーは価格支配力を持ちません。
　大型ヘッジファンドが賢明な投機家か否かは、筆者にはわかりません。しかし、彼らには大きな腕力があることだけは確かです。しかも、最近、彼らは超高速取引手法という最新兵器で武装さえしているのです。
　結局、短期投機家がトレンド・フォロー戦略で短期的には勝利する可能性はありますが、最終的にそれまでの利益を吹き飛ばすほどに痛手を被るリスクが存在することも否定できません。
　これらを理解したうえで、短期投機にminiでチャレンジするのなら、あなたが"好運"に恵まれる可能性は十分にあるでしょう。
　いずれにせよ重要なことは、短期投機と長期投資ではゲームのルールがまったく違うということをよく理解することです［短期投機と長期投資でいかにして儲けるかについては、拙著『大儲けできる株はどっち？』（徳間書店）をご参照］。
　前者（短期投機）にはテクニカル分析が必要です。後者（長期投資）にはファンダメンタルズ分析が最適です。

第11節
投機の神様、ジョージ・ソロスの投機法とは？

　ある賢明な投機家は、ノイズ・トレーダーと一緒にバンドワゴンに飛び乗り、ある程度利が乗ったところで、クラッシュの直前で飛び降りることが「投機で勝利する唯一の方法である」と確信しています。

　ヘッジ・ファンドの代表的ファンド・マネジャーとして広く知られるジョージ・ソロス氏がこの代表例です。

　ソロスは、1992年の欧州通貨危機の際、英国通貨ポンドの空売りを仕掛けて、世界で最も由緒ある中央銀行のひとつであるイングランド銀行を打ち負かしたヘッジファンドの雄として、あまりにも有名です。

　ソロス氏によれば、金融市場における成功への鍵は、熱狂の非合理な波に対抗することではありません。過熱した波にある程度乗り、そのずっと後で売り抜けることです。

　すでに過大評価された株でも、投機家がそれを買えば、ノイズ・トレーダーによるさらなる買いを誘発します。そして、これが、ソロスのような投機家をして、高値で売り抜け大儲けを可能にするというのです。

　ソロスは、株式や為替などの資産がバブル化して、やがて崩壊する過程を次のようなブーム・バスト・モデルで説明しています。

1　トレンドが認識されない段階

2　トレンド加速期
3　検証期
4　バブル膨張期
5　バブル崩壊開始期
6　黄昏期
7　クロス・オーバー期
8　クラッシュ期

　ソロスは、ブームがトレンド加速期か検証期に入ったときにポジションを獲ります。そして、資産価格がバブル膨張期を経て黄昏期に入れば、ただちにポジションを閉じて、クラッシュ期を回避します。

　2008年のリーマン・ショック以降、ソロスは以上のようなブーム・バスト・モデルを拡張して、バブル・バスト・モデルが形を変えて繰り返される「スーパー・バブル・モデル」を提唱しているようです。
　スーパー・バブル・モデルとは、第一に信用拡張、第二に金融市場のグローバル化、そして第三に規制緩和と金融イノベーションの加速によって、従来の単発的なブーム・バスト・モデルよりもさらに大きなスーパー・バブルが繰り返されるメカニズムを説明する試みなのです。

第 12 節
黒田異次元緩和下のカジノ相場を mini で勝利するには

　原稿執筆現在（2016年8月）の、日本と欧州の中央銀行による、大規模で、しかも期限の定めのない量的金融緩和政策は、まさにソロスのブーム・バスト・モデルやスーパー・バブル・モデルの典型と言うべきではないでしょうか。

　ただし、バブルが膨張すればするほど、そのクラッシュはより大きくなりがちになります。つまり、短期投機家にとっては、むしろ、今こそ大きなチャンスが巡ってきているともいえるでしょう。

　では、黒田異次元緩和の中で、ロング（買い持ち）やショート（空売り）で勝利するタイミングはいつなのでしょうか。

　次ページのようなチャートが参考になるかもしれません。同チャートは「アベノミクス相場」が開始された直前の2012年10月ごろから2015年12月ごろまでの日経平均株価と、その25日移動平均線およびそれらの乖離率の推移を示したものです。

　ロング（買い持ち）でほぼ確実に儲けられる戦術は、日経平均が25日移動平均線から約10％下方に乖離した急落相場を逆手にとることです。このとき日経平均は乖離率の標準偏差の2倍以上も売られています。

　このタイミングでロングして損を出す確率は正規分布に従うと2.5％程度しか存在しません。逆にいえば、このような超弱気相場の

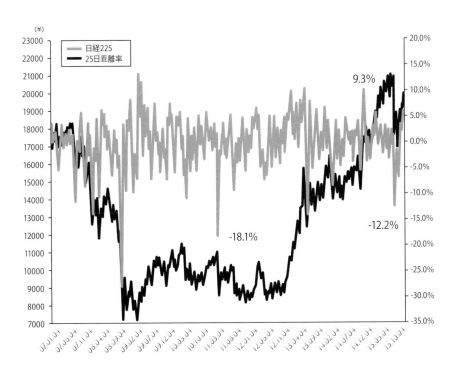

2007年以降の日経225および25日移動平均線との乖離率推移

安値圏ではショート（空売り）ポジションを取ると危険です。

2013年以降の黒田異次元緩和の期間では、日経平均が25日移動平均線を10%程度下回ったタイミングは3度もあります。

第一は、2013年5月のいわゆるバーナンキ・ショックがそれです。前FRB議長のバーナンキ氏がQE3（量的緩和第3弾）の縮小（資産買取規模の段階的縮小）を示唆したためです。これは「QE3縮小の癇癪」と呼ばれています。

第二は、2014年1月の世界的な株価急落時です。同時に、新興市場国通貨も急落したことが特徴です。「QE3縮小の癇癪」後に、実際に2013年12月から開始されたバーナンキ前FRB議長によるQE3縮小（資産買取規模の段階的縮小）がきっかけとなりました。

第三は、2015年8月24日の中国版ブラック・マンデーと呼ばれる、人民元の切り下げを契機とした世界同時株安がそれです。

反対に、日経平均がその25日移動平均線からの乖離率が10%を超えた2014年10月のハロイーン黒田日銀追加緩和のような例もあります。

これらはすべて、日米の中央銀行による量的緩和の縮小や拡大策が、株価暴落や急騰の引き金を引いたことに注意してください。

日経225miniで短期投機を目指すならば、日経225が25日移動平均線から10%乖離したタイミングで逆張りのポジションを獲るのが基本的な戦略になるでしょう。なぜなら、日経225がそれ以上にトレンドラインから乖離する確率は2.5%しかないためです。逆に言えば、このタイミングで順張りのポジションを獲れば極めて危険になります。

ただし、日経225の2007年以降の長期推移を見ると、3回ほど、日経225が25日移動平均線から10%を超えた後も下振れしたことが

見てとれます。

　最も深刻な暴落は言うまでもなく2008年10月のいわゆる「リーマン・ショック」でした。このとき日経225は25日移動平均線から30％弱も下方に乖離しています。

　次は、－18.1％の下方乖離を記録した、2011年3月11日の東日本大震災時でした。

　3番目は、－12.2％を記録した、2015年8月24日の中国版ブラック・マンデー後の動きでした。

　このような大暴落時には、逆張りのタイミングとはいえ、日経225miniへの投資は損失を避けられません。では、賢明な投資家はいったいどうすればいいのでしょうか。

　それが、本書でここまで詳述してきた、損失限定で利益無限大の、しかも格安のWeeklyオプション取引の魅力と威力なのです。

日経225Weekly オプション取引（※）基本用語集

※日経225先物を含む

アウト・オブ・ザ・マネー
本質的価値がない状態。コールの場合、原資産の日経平均株価が権利行使価格を下回っている状態。プットの場合、日経平均株価が権利行使価格を上回っている状態。

アット・ザ・マネー
原資産の日経平均株価が権利行使価格と同じ状態。

アメリカン・オプション
満期日までの期間、いつでも権利行使できるオプション。

アービトラージ
2種類以上の証券間に存在する価格の歪み（ミス・プライシング）を利用する裁定戦略。割高な証券を売り、同時に、割安な証券を買う戦略が基本。

イン・ザ・マネー
本質的価値がある状態。コールの場合、原資産の日経平均株価が権利行使価格を上回っている状態。プットの場合、日経平均株価が権利行使価格を下回っている状態。

インプライド・ボラティリティ（IV）
オプションの市場価格から、ブラックショールズの公式に基づき、逆算して求められる、オプション市場に内在する予想変動率。ヒストリカル・ボラティリティと対比される。

SQ（エス・キュー）
特別清算値。スペシャル・コーテーション（Special Quotation）の略。SQ 値とも呼ばれる。

オプション
オプションとは、あらかじめ定められた期日（満期日）に、特定の商品（原資産）を、あらかじめ定められた価格（権利行使価格）で売買する「権利」のこと。

オプションの買い手と売り手
◎オプションには必ず買い手と売り手がいる。買い手は、いわば、保険加入者。売り手は保険を売る保険会社。
◎買い手は、売り手にオプション・プレミアムを支払い売買の権利を取得。反対に、売り手は買い手からオプション・プレミアムを受け取り、その見返りに、買い手の権利行使に伴って売買する義務を負う。
◎オプションの買い手は損失がプレミアムに限定されているため、証拠金を提供する必要はない。しかし、売り手は証拠金を証券会社（究極的には日本取引所）に提供する必要がある。

キャッシュ・セトルメント（現金・清算）
先物契約において、原資産を受け渡すことに替えて、現金によって清算を行う手続きのこと。

クレジット・リスク
デリバティブ取引で取引相手の債務不履行によってコストが発生するリスク。

原資産
オプションの対象となるもともとの資産。

権利行使
オプションの買い手が売り手に対して、オプション契約に基づき、原資産を売買することを請求すること。

権利行使価格（ストライク・プライス）
オプションの買い手が原資産を売買する権利を行使する際の日経平均株価。日経225オプションの場合、権利行使価格は125円刻み。例えば、1万6000円、1万6125円、1万6250円……など。

合成ポジション
コール、プットなどのオプション、現物、先物などを組み合わせた複合的なポジション。

コール
原資産（例えば日経225）を、満期日に、あらかじめ決められた権利行使価格で買う権利のこと。

裁定取引
割高な資産を売り、割安な資産を買うことで利益を上げ、資産価格や資産価格間の歪みを是正する取引。

先物取引
先物取引とは、1）あらかじめ定められた期日に、2）特定の商品を、3）あらかじめ定められた価格で売買する義務を負う契約のこと。オプションと違い、先物取引は、権利と同時に義務が発生する点が大き

く異なっている。

時間価値
オプション価格を構成するひとつの価値であり、満期までに本質的価値が生まれ、あるいは増大する可能性を評価する価値。可能性の価値(あるいはボラティリティの価値)とも呼ばれる。時間価値は、原資産である日経平均株価の変動率、満期日までの残存期間、金利によって決まる。

自動権利行使
取引最終日における未決済建玉について権利行使をしなくともイン・ザ・マネーであれば自動的に権利行使が行われること。

ストライク・プライス
権利行使価格のこと。

損益図
オプションや先物のポジションの満期時点における損益と、原資産である日経平均株価との関連を示した図。横軸に、原資産の日経平均株価、縦軸にポジションの損益をとり図示したもの。

タイム・ディケイ
満期日が近づくにつれてオプションの時間価値が減少していくこと。

タイム・バリュー
オプションの時間価値のこと。

ディープ・アウト・オブ・ザ・マネー
アウト・オブ・ザ・マネーのなかで、特に大きく権利行使価格と原資

産の日経平均株価が離れている状態。コールの場合、権利行使価格が日経平均株価を大きく上回っている状態。プットの場合、権利行使価格が日経平均株価を大きく下回っている状態。

ディープ・イン・ザ・マネー
イン・ザ・マネーの状態で、特に大きく本質的価値が生じている状態。コールの場合、日経平均株価が権利行使価格を大きく上回っている状態。プットの場合、日経平均株価が権利行使価格を大きく下回っている状態。

ニア・ザ・マネー
オプション価格が権利行使価格に近づき、プットやコールに本源的価値が生まれようとしている状態。

日次変化率
〔(今日の終値÷昨日の終値) − 1〕× 100 で表される。

ヒストリカル・ボラティリティ
オプションの原資産価格に関する日次変動率(標準偏差)の20日間平均を年率に直したもの。既述のインプライド・ボラティリティに対比される。

プット・オプション
原資産(例えば日経225)を、満期日に、あらかじめ決められた権利行使価格で売る権利のこと。

ブラック・ショールズの公式
ヨーロピアン・オプションに関する価格付けに関して、フィッシャー・ブラック、マイロン・ショールズ、およびロバート・マートンが導出

した公式。

ベア・(プット)・スプレッド
権利行使価格の高いプットの買いと、権利行使価格の低いプットの売りを組み合わせて、利益と損失を限定的にしながら、相場下落を期待して利益を獲得しようとする戦略。

プレミアム
オプションの買い手が売り手に支払う取引代金のこと。オプション価格とも呼ばれる。

プロテクティブ・プット
現物とプットを同時に保有し、現物の値下がりリスクに対してヘッジを行うこと。

ペイオフ曲線
損益図のこと。

本質的価値
コールであれば、現物価格から権利行使価格を引いた値。プットであれば、権利行使価格から現物価格を差し引いた値のこと。仮に、これらがゼロより小さい場合には、オプションの本質的価値はゼロとなる。

ボラティリティ
ある資産に関して実現するリターンの不確実性の程度。通常、リターンの標準偏差で表される。

マーク・ツー・マーケット
資産や証拠金などを時価で評価すること。

マージン
先物やオプション取引者が必要となる現金（保証金）残高。

マージン・コール（追証）
マージン残高が最低維持金額を下回った場合に必要となる追加マージンの請求のこと。

満期日
オプションの権利を行使する最終日のこと。オプションの権利が消滅する日。SQ 日に同じ。

ヨーロピアン・オプション
満期日に限って権利行使が許されるオプションのこと。日経 225 はヨーロピアン・オプション。

おわりに

　今、日経225オプション市場がとても面白いのです。
　なぜなら、日本の株式市場は、一方でその長期成長率がゼロという厳しい環境が引き続き予想されますが、他方でその変動率の高さは米株などに比べて際立って大きいという特徴があるからです。
　乱高下相場下の、ボラ（変動率）の高さは、実は「オプション取引の命」といっても過言ではありません。

　我が国の株式市場は、遺憾ながら日本経済が長期停滞に陥っているかぎり、長期投資には向きません。
　しかし、短期投機としては、ボラが高いがゆえに、日本市場ほど魅力に富む市場はないでしょう。
　加えて、日本の株式市場は英米の株式市場並に先進的で魅力的な市場であることも特徴です。

　我が国の株式市場では、今、日経225先物（miniを含む）や同オプション取引を中心とするデリバテイブ市場で革命が進行中といっても誇張ではありません。
　東京市場では伝統的な個別株取引で勝利することは望めません。
　欧米の洗練されたヘッジファンド並に、グローバルな視野で、インデックスを中心とした、しかも流動性が高く、かつ、レバレッジが効くオプション取引を駆使して、日本株式市場で勝利することこそが今ほど重要になっているときはないでしょう。

　本書で述べたように、オプション取引は個人投資家にとっても決して難しいものではありません。それらのリスクは限られます。特にオ

プションの買いでは、損失は最大限プレミアム（代金）だけ（通常、数千円～数万円）です。

このオプション取引で今、大きなイノベーションが起きつつあります。それが、本書で紹介してきた、満期がわずか1週間という、プレミアムが格安で、かつ、儲かりやすい（イン・ザ・マネーとなりやすい）Weekly オプション取引なのです。

デリバテイブのメッカといわれるシカゴ（CBOE）では、S＆P500の Weekly オプションが2008年に導入されて以来、取引高が毎年倍々ゲームで伸びている超人気商品となっています。

加えて、最近の金融緩和バブルの膨張と崩壊は繰り返される恐れがあることも見逃せません。裏を返せば、リスク・オンとリスク・オフが増幅することで変動率は今後ますます増大していくことが予想されるわけです。

こうした市場の不安心理の高まりは、変動率増大につながります。特にオプション取引活発化の原動力となりえるのです。

事実、かつて筆者が8年前の金融危機以前にすでに拙著などで強調していた「一万円で50万円超の儲け」どころか、「一万円で160万円の儲け（2015年8月24日の中国版ブラック・マンデー時のプット買い）」や、「一万円で450万円の儲け（2014年10月末の黒田日銀ハロイーン・バズーカ時のコールの買い）」など、オプションの収益機会が格段に広がっています。

冒頭でお話ししたように、まさに今、オプション取引がますます面白くなってきているのです。この動きを先取りしない手はありません。

本書では、リスク限定の日経225Weekly オプションの仕組み、基本戦略および具体的な投資戦術をやさしく、わかりやすく、しかもその背後に存在する最先端の理論を踏まえながら、解説してきたつもり

です。読者の皆様のお役に立てれば幸いです。

　我が国のオプション市場の健全かつ持続的な発展と、投資家の日経225オプション取引への理解の一助となることを祈念して本書のおわりにといたします。

2016 年 10 月　中丸友一郎

◆著者紹介：中丸友一郎（なかまる・ともいちろう）

マクロ・インベストメント・リサーチ代表。1978年一橋大学経済学部卒、米イエール大学大学院修士課程、ジョージ・ワシントン大学大学院博士課程修了。日本輸出入銀行（現国際協力銀行）、世界銀行エコノミスト、JPモルガン・アセット・マネジメント・インク主席日本エコノミスト、ロイター・ジャパン投資調査部長等を歴任し、現職。著書に『2017年日銀破綻』『緩和バブルがヤバい』『大儲けできる株はどっち？』『一万円からはじめるオプション投資』『マネー資本主義を制御せよ！』などがある。

2016年11月03日　第1刷発行

日経225Weeklyオプション取引入門
──少額投資で最大限のリターンを狙うための考え方と戦略

著　者	中丸友一郎
発行者	後藤康徳
発行所	パンローリング株式会社
	〒160-0023　東京都新宿区西新宿7-9-18-6F
	TEL 03-5386-7391　　FAX 03-5386-7393
	http://www.panrolling.com
	E-mail　info@panrolling.com
装　丁	パンローリング装丁室
組　版	パンローリング制作室
印刷・製本	株式会社シナノ

ISBN978-4-7759-9146-6

落丁・乱丁本はお取り替えします。
また、本書の全部、または一部を複写・複製・転訳載、および磁気・光記録媒体に入力することなどは、著作権法上の例外を除き禁じられています。

【免責事項】
この本で紹介している方法や技術が利益を生むと仮定してはなりません。過去の結果は必ずしも将来の結果を示したものではありません。

本文 © Tomoichiro Nakamaru　図表 © Pan Rolling 2016 Printed in Japan

オプション関連書籍・DVD

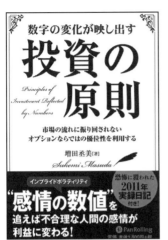

数字の変化が映し出す
投資の原則

著者：増田丞美

定価 本体1,800円+税　ISBN:9784775991138

市場の流れに振り回されない
オプションならではの優位性を利用する

オプションは難しい金融工学を理解しなければならない。それは誤解である。難しい側面からスタートする必要はない。ただし、気をつけるべきことはある。同じマーケットをベースにしても、オプションは多くの方が取り組んできた株式投資や株式トレードとはアプローチの仕方が違うということだ。

 ### 株式投資の利回りを高める
投資のすすめ

講師：増田丞美

定価 本体3,800円+税　ISBN:9784775963739

売買の組み合わせで
損益分岐点を下げるカバード戦略

株価が大きく上昇することが見込めない場合などに、同じ銘柄のコールオプションを売ることで、トータルの損益分岐点を下げることができます。(カバードコール)。

ゆったり堅実な年利30％の長期投資
リープス(LEAPS)戦略の真実

講師：増田丞美

定価 本体38,000円+税　ISBN:9784775963791

LEAPS戦略とは個人投資家が
プロに勝てる数少ない売買技術

LEAPS(リープス)はごく普通の個人投資家が最も成功しやすい戦略であり、シンプルながらも過去の実績を振り返ると優れた利回りに驚かされるはずです。
この戦略は小資本で実行でき、かつ長く続けるほど高い収益が期待できます。

KAPPA

http://blog.livedoor.jp/kappa_ccw/

東京大学医学部卒業。本業は医師。医学の学術論文、著書多数。現在、ファンド・マネージャーなど金融のプロの健康管理に携わっている。個人投資家としての投資の研究・実践暦 15 年。欧米の行動ファイナンス、ファクター分析の学術論文をいち早く日本の個人投資家に紹介した。著書に、『東大卒医師が教える科学的「株」投資術』がある。

週末投資家のための
カバード・コール

定価 本体2,000円+税　ISBN:9784775991220

現役医師が書いた、予測に頼らない
「低リスク＆高リターン」株式投資法

もし、私たちの人生が150年か200年ぐらいあれば、市場の平均指標に連動するETF やバリュー系ETFの長期投資は確かに有効だ。
しかし、私たちの人生はあまりに短いのです。この状況の中、利益を上げるにはどうしたらよいのか？
それは、オプションを利用すること。最も基本的かつ保守的なオプション「カバード・コール」の基礎から応用までを紹介。

主な内容

普通の投資家にこそ真似してほしい
株式投資とは一味違う戦略

- 株式を買い、同じ株式のコールを売るという、米国で最も人気の高いカバード・コール（CCW）について、その基礎から応用まで解説
- 利益をできるだけ積み上げるためのフォローアップについては、具体例を交えながら、特に詳しく解説
- カバード・コールと類似の現金確保プット売り（CSP）についても解説
- 資金効率に優れているLEAPSダイアゴナル・スプレッド（LDS）についても紹介

株式関連書籍

リスク限定のスイングトレード
出来高急増で天底(節目)のサインを探る!
著者:矢口新

定価 本体1,600円+税　ISBN:9784775991084

【これまでは「出来高」は地味な存在だった】何日ぶりかの出来高急増は節目(最良の売買タイミング)になりやすい! 節目を確認して初動に乗る「理想のトレード」で損小利大を目指す。

板読みデイトレード術
投資家心理を読み切る
著者:けむ。

定価 本体2,800円+税　ISBN:9784775990964

板読み=心理読み!の視点に立って、板の読み方や考え方だけではなく、もっと根本的な部分にあたる「負ける人の思考法」「勝つための思考法」についても前半部分で詳説。

生涯現役の株式トレード技術
【生涯現役のための海図編】
著者:優利加

定価 本体2,800円+税　ISBN:9784775990285

数パーセントから5%の利益を、1週間から2週間以内に着実に取りながら"生涯現役"を貫き通す。そのためにすべきこと、決まっていますか?わかりますか?

「敵」と「自分」を正しく知れば1勝1敗でも儲かる株式投資
著者:角山智

定価 本体1,500円+税　ISBN:9784775991398

己を知らずに良い手法を使っても、効果は一時的なものになるでしょう。でも、自分の弱みを理解し、己に打ち勝つことができれば、継続的に手法の効果を実感できるでしょう。

株式関連書籍

矢口新の相場力アップドリル 株式編
著者：矢口新

定価 本体1,800円+税　ISBN:9784775990131

実需には量的な制限が、仮需には時間的な制限がある。自分で材料を判断し、相場観を組み立て売買につなげることができるようになる。

為替編 定価 本体1,500円+税　ISBN:9784775990124

相場で負けたときに読む本 実践編
著者：山口祐介

定価 本体1,500円+税　ISBN:9784775990476

あなたが本当に"勝者"であるならば、読む必要はありません。あなたがなぜ負けているのか。思い当たることがきっと書かれている。

真理編 定価 本体1,500円+税　ISBN:9784775990469

超・株式投資 賢者のためのオプション取引
著者：KAPPA

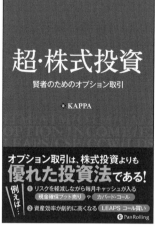

定価 本体2,000円+税　ISBN:9784775991299

もし、あなたが株式投資の天才でないのなら、普通の株式投資は捨てましょう。その代わり、高機能な戦略を可能にする「オプション取引」で利益を出しましょう。

5段階で評価するテクニカル指標の成績表
著者：矢口新

定価 本体1,800円+税　ISBN:9784775990926

相場のタイミングを知るにはテクニカル指標が必要だ。それも、"使える"テクニカル指標が必要なのだ。著者が考案したテクニカル指標も本邦初公開。

ＦＸ関連書籍

FX乖離トレード
著者：春香

1分足のレンジで勝負！
行き過ぎを狙うFX乖離（かいり）トレード

定価 本体2,000円+税　ISBN:9784775991060

【独自のインジケーターで短期（1分足）のレンジ相場の行き過ぎを狙う】1カ月分（2011年1月）の「トレード日誌」で勝ち組トレーダーの頭の中を公開！

17時からはじめる東京時間半値トレード
著者：アンディ

定価 本体2,800円+税　ISBN:9784775991169

予測が当たっても儲からないことはある。予測以上に考えなければならないのは「どうポジションを作るのか」です。「半値」に注目した、シンプルで、かつ論理的な手法をあますことなく紹介！

FXトレード
著者：浜本学泰

世界の"多数派"についていく「事実」を見てから動くFXトレード

定価 本体2,000円+税　ISBN:9784775991350

～正解は"マーケット"が教えてくれる～
"がっかり"するほどシンプルな手法だから、すぐに覚えられる！

待つFX
著者：えつこ

1日3度のチャンスを狙い撃ちする

定価 本体2,000円+税　ISBN:9784775991008

毎月10万円からスタートして、月末には数百万円にまで膨らませる専業主婦トレーダーがその秘密を教えます。

投資(トレード)のやり方はひとつではない。
"百人百色"のやり方がある!

凄腕の投資家たちが赤裸々に語ってくれた、投資のやり方や考え方とはいかに……。

続々刊行

本書では、100人の投資家(トレーダー)シリーズが教えてくれた、トレードアイデアを紹介しています。
みなさんの投資(トレード)にお役立てください!!

百人百色の投資法
投資家100人が教えてくれたトレードアイデア集　JACK 著

シリーズ全5巻